中等职业教育类专业 互联网+ 系列教材

学前教育基础知识

主　编　邢海燕　马成尧

副主编　丁　静

参　编　（排名不分先后）

　　　　张　琳　邵梅珍　马彦光

　　　　苗　倩　刘艳华

主　审　祝耸立

北京理工大学出版社

BEIJING INSTITUTE OF TECHNOLOGY PRESS

图书在版编目（CIP）数据

学前教育基础知识 / 邢海燕，马成尧主编. —北京：北京理工大学出版社，2021.3 重印
ISBN 978-7-5682-4368-1

Ⅰ.①学… Ⅱ.①邢…②马… Ⅲ.①学前教育－基础知识 Ⅳ.① G610

中国版本图书馆 CIP 数据核字（2017）第 170189 号

出版发行 / 北京理工大学出版社有限责任公司
社　　址 / 北京市海淀区中关村南大街 5 号
邮　　编 / 100081
电　　话 /（010）68914775（总编室）
　　　　　（010）82562903（教材售后服务热线）
　　　　　（010）68948351（其他图书服务热线）
网　　址 / http：//www.bitpress.com.cn
经　　销 / 全国各地新华书店
印　　刷 / 定州市新华印刷有限公司
开　　本 / 787 毫米 ×1092 毫米　1/16
印　　张 / 8.5
字　　数 / 205 千字
版　　次 / 2021 年 3 月第 1 版第 3 次印刷
定　　价 / 28.00 元

责任编辑 / 张荣君
文案编辑 / 张荣君
责任校对 / 周瑞红
责任印制 / 边心超

前　言

在我国的教育体系中，学前教育处于基础教育的起始阶段，而在学前教育专业课程体系中，学前教育学是其他课程设置的基础，其地位十分重要。但从实际来说，这门课程教师并不容易把握。尤其是要讲得精彩，深受学生欢迎，就更不容易。

现行学前教育专业的学生使用的教材，理论晦涩难懂，内容庞大，很多内容教师自身都难以透彻把握，学生学起来更是毫无兴趣可言，每周两个课时，很难把内容讲完，由此，我们尝试将教材进行了改革，以便更贴近实际教学。

结合从业教师的建议，本套教材的特点是：以《3～6岁儿童学习发展指南》为指导，内容上更简单而实用。简单是指不使用晦涩难懂的专业语言，而是更贴近人们日常使用的口语，以便学生更容易接受。教材内容是严谨的，但表述不应该是严肃的，文字的风格应该是平易近人的，才能将道理讲得深入浅出，我们希望能用通俗的语言讲明专业的内容。

实用是指教材以《3～6岁儿童学习发展指南》为指导，在内容上更侧重于教师资格证的考察，这是基于学前教育专业目前的实际情况来确定的。学生在就业时，幼儿园不仅要求其要有精准的专业技能，更要求他们要具备幼儿园的教师资格证。这套教材在内容上更贴近于学生的需要，尽可能做到学生学习后，可以依靠这些知识参加教师资格证的考察，更好地服务于幼儿园教学。

在教材中，我们使用了大量的图片，以更符合教材简单、实用的特点，让学生更有兴趣，也更容易理解教材的内容。当然，本教材只是我们依据现实师生的呼声和国家关于课程改革方向做出的一个初步尝试，难免会有不足，如果能够起到一个抛砖引玉的作用，我们深感荣幸。

本书在编写过程中参考和借鉴了相关书籍和网上资源，在此深表感谢。

编　者

目录

绪 论

 目标定位

（1）了解学前教育学研究的对象、任务和内容。

（2）理解学习学前教育的重要意义。

（3）明确学前教育学的概念，掌握学习该课程的方法。

同学们，步入了学前教育专业的行列，我们将学习一些专业知识，那么这本书是介绍什么的呢？又怎样去学呢？

我们看下面几个案例。

案例一

为了让孩子们了解二十四节气之立春，老师组织孩子们一起做春饼吃。和面、擀面饼、烙春饼、卷春饼……小朋友们饶有兴趣地观察，各有分工地动手操作，可是冰冰却在一旁用面和水在地上玩起和泥来了，弄得泥、面分不清了。

这时候，作为老师应该怎么办呢？

案例二

彤彤一家去旅游，彤彤和姐姐玩得不亦乐乎。但是在步行街上，有一些小玩偶吸引着彤彤，她见到什么都要求妈妈给她买，不如意就在地上打滚哭闹。

家长应该怎么做才能避免这种情况的出现呢？

案例三

腾腾活泼聪明，反应灵敏，可有些时候控制不住自己的行为：玩积木的时候要挑选自己喜欢的，站队的时候自己要

排第一，游戏时要别人听他的指挥，否则就在别人游戏时横冲直撞过去捣乱，经常有小朋友告他的状。

如何进行家园配合，使腾腾的行为有所改变呢？

学前教育学可以指导教师与家长进行科学的教育，促进儿童的身心健康全面发展。那么学前教育是一门怎么样的学科？下面我们就共同来探究。

一、学前教育与学前教育学

1. 教育与学前教育

教师对学生的谆谆教导、媒体对社会宣传、家长对孩子的言传身教等都称为教育。教育分为广义教育与狭义教育。广义的教育是指能影响人们知识、技能、身心发展的各种活动，包括家庭教育、社会教育和学校教育。狭义的教育仅仅是指教育机构的教育，是根据一定社会的要求和受教育者发展的需要，有目的、有计划、有组织地影响人们身心发展的社会活动。

对 0～6 岁儿童所实施的教育称为学前教育。我国的学前教育包括学前教育机构的教育和学前家庭教育。学前教育机构的教育如幼儿园、托儿所、早教中心等。

2. 教育学与学前教育学

教育学是一门研究教育规律的科学。教育具有目的性，在这一活动中只有掌握教育规律才能达到教育目的。教育学根据研究的年龄段不同，分为学前教育、普通教育、高等教育等。根据研究的范围不同分为学校教育、社会教育等。根据研究的侧重不同分为教育原理类、教育管理类、教学法类和教育史类等。

学前教育学是教育学的一个分支，它专门研究 0～6 岁儿童的教育，探索其特点和规律。

二、为什么要学习学前教育学

1. 帮助教师建立正确的儿童观与科学的教育观

有些家长和教师认为，儿童是没有思想和头脑的，教育他们采用打骂的形式即可，严师出高徒嘛！

然而，人能成为有强健的体魄，良好素质的社会成员，离不开各个阶段的教育，其中学前儿童教育的奠基作用是至关重要的。每个儿童都拥有发展权、受教育权，应该对他们进行体智德美的全面教育，使他们在个性和社会性上得到全面发展，而不是简单粗暴地对儿童施加畸形的教育，压抑儿童的潜力，造成他们性格的某种缺陷。

2. 掌握教育理论，综合实际情况，有目的、有针对性地完成对每个儿童的教育工作

在本书中我们将学习到我国关于学前教育的目标、任务、原则，全面发展教育的相关内容，学前教育中人的要素——幼儿教师，幼儿园中的环境，学前儿童课程，幼儿园日常活动，幼儿园游戏活动，教学活动，家园合作和幼小衔接等问题。为我们从不同角度对幼儿施加优质教育提供理论依据。

3. 为提高自身业务水平及继续学习打下良好基础

学前教育学作为幼儿师范类教材的基础课之一，包含了丰富的教育学知识，为学习学前卫生学、学前心理学、幼儿园活动设计与指导等课程奠定良好基础。便于进行后续专业知识的学习，使自己更具备优秀幼儿教师的资格。

三、学前教育学的学习方法

1. 深入钻研教材，让理论为实际服务

认真学习阅读教材，做到心中有教材结构，脑中有基本概念与基本理论。对每个教育案例，每种教育思想都认真琢磨、分析，找到最佳教育方法。

2. 博览相关书籍，丰富自己的教育学知识，形成自己的教育观点

除了阅读教材，还要尽可能多地参考其他同类书籍的内容与学前教育学知识，做到具有多渠道知识来源；学习、接受多种教育思想，具备广泛的基础知识和基本理论。分析加工，选择性汲取教育家的观点本质，价值。根据不同时期，不同教育家的时代特点，整理出自己对于现代儿童的教育思想。结合其他课程的学习，做到融会贯通。

3. 独立思考，还要相互切磋，互相促进

对于各种理论知识的学习，不仅要认真钻研，独立思考，将之转化为自身素质的一部分，而且要与同学一起讨论、互相交流、相互借鉴，以便对教

育理论、教育思想有更深刻的认识。尤其遇到实际案例时要随时随地地思考、讨论、研究教育思想，使自己理解更透彻、更全面，也更客观、深刻。这样，在学习基础理论之后基本技能的运用也更得心应手了。

总之，教育学的学习不是非常简单的事情，要讲究学习方法，养成良好的学习习惯，掌握全面而正确的教育学知识，并能够应用到实际当中。

单元一 学前教育学发展概述

（1）能清晰地描述学前教育机构的发展，特别是其中比较重要的事件。

（2）能准确无误地复述我国学前教育相关的法律法规，并阐述这些文件对学前教育的影响。

（3）能清晰地表述学前教育思想史的发展历程，重点掌握中外著名的幼儿教育家的思想。

第一节 古今中外的学前教育

一、国外学前教育的产生与发展

原始社会的时候，儿童的教养是由氏族公社内部共同来完成的，这种教育称为公共教育。由于当时的生产力低下，人们主要面临的是生存问题，因此当时的教育主要是与生产、生活联系在一起的，主要的任务是保证幼儿的存活。

这种现象到奴隶社会时有了改变，幼儿教育的任务主要由家庭承担，还带有明显的阶级色彩和等级色彩。奴隶主和贵族的孩子可以接受专门的教育，而平民和奴隶的孩子只能跟随父母学习生产与生活相关的内容。

封建社会时，出现了为统治阶级服务的学校教育，幼儿教育与学校教育出现分期，幼儿教育主要是在家庭中完成。统治阶级与被统治阶级接受的教育也不同，教育依然带有明显的阶级性和等级性。教育的主要任务是培养将来的统治者和官吏。

在近代大工业出现以后，大机器生产代替了原来的手工作坊，大量的妇女进入工厂，成为工人，孩子则留在了家中，为了解决孩子的照顾问题，一些慈善机构或者企业家开始创办公共教育，从而出现了早期的公共教育机构。例如，1776 年，法国牧师奥柏林创办了"编织学校"；1816 年，英国空想社会主义者欧文创办了"幼儿学校"，主要招收 1 ~ 6 岁的工人及贫民子女，这是欧洲较早出现的幼儿教育机构。

1. 世界上第一个幼儿园的产生

1837 年，德国幼儿教育家福禄贝尔在德国的勃兰根堡创立了一所幼儿教育机构"保姆养成所"，到 1840 年正式命名为"幼儿园"。在他的幼儿园里，儿童的主要活动是游戏，通过"恩物"（福禄贝尔特制的玩具）来学习，从而促进语言、认知、想象力、创造力的发展。

小资料："幼儿园"名称的由来

福禄贝尔在德国勃兰根堡创办了一个"保姆养成所"，为了让保姆们有实习的场地和对象，他集合了当时村里 40 个 6 岁以下的孩子，同时成立了一个"游戏与作业教育所"。1840 年 5 月份的一天，福禄贝尔在村子里的山丘上散步，站在山顶上向下遥望，看到金色的夕阳和绿油油的树木，他突然大叫"有了！就把它叫做儿童的花园吧！在这个花园里，儿童不会受到压抑，他们可以得到自由的成长，而保姆就是施肥的园丁"。从此以后，福禄贝尔把他的幼儿教育机构正式命名为"幼儿园"。

---

2. 近代学前教育的发展历程

从幼儿园产生以后，学前教育的内涵就开始发生了变化，除家庭教育之外，又增加了幼儿的社会教育。学前教育的任务也经历了 4 个阶段的变化。

时间	教育任务
初创时期	帮助工作母亲照顾儿童，只负责生活与安全
19 世纪下半期到 20 世纪上半期	看护儿童，实施促进其身心发展的教育
20 世纪 60 年代到 70 年代	以发展儿童智育为中心的教育
20 世纪 80 年代以后	促进儿童身体的、情绪的、智能的和社会性的全面发展

二、我国学前教育的产生与发展

1. 我国第一所幼儿园的出现

我国第一所幼儿园——湖北幼稚园

相对于世界上的幼儿园来说，我国的幼儿园出现的比较晚。1903 年 9 月，湖北巡抚端方在武昌寻常小学堂内创办了湖北幼稚园，这是我国的第一所幼儿园。

小卡片　湖北幼稚园

从 1902 年起，在张之洞筹划下，湖北省开始了大规模的教育改革。武汉封建传统教育旧制开始全面瓦解，一个带有近代资本主义色彩的地区性的新学制体系逐渐形成。

1903 年秋，湖北巡抚端方根据张之洞的《奏定学堂章程》，饬令拨官款，在省城武昌阅马场创办幼稚园，这是中国第一所幼儿园。

幼稚园选聘了 3 名日本保姆，首次招收 80 名 5~6 岁的女童，限一年卒业。以后续招 4 岁上下幼童，定两年毕业。

幼稚园采取班级的形式开展保教活动，在开办章程中明确规定它是新教育体系的初始阶段，办园主旨是重养不重学，以培养孩童自然智能，开导事理，涵养德生为主，为小学奠定基础。

由于当时风气未开，武汉地区官宦之家多不愿送子弟入园，入园者大部分是贫苦人家的孩子，武汉的幼儿教育发展相当有限。

《百年中国幼教》

2. 我国近代学前教育的发展情况

（1）幼儿园的情况。

2016 年我国民办幼儿园 15.42 万所，比上年增加 7827 所；在园儿童 2 437.66 万人，比上年增加 135.22 万人，撑起了学前教育的"半壁江山"，为缓解"入园难""入园贵"发挥了重要作用。

小资料

在湖北幼稚园之后，我国具有代表性的幼稚园还有以下几个。

1905 年成立的湖南官立蒙养院、1905 年严修创办的严氏家塾保姆讲习所和附设蒙养院。另外，在当时还有一些外国的教会所创办的学前教育机构。这些学前教育机构体现了两大色彩：一是体现了"中体西用"的色彩，虽然模仿国外的幼儿园，但所教的主体内容依然受到封建传统的束缚；二是严重地抄袭日本，因此这些机构均带有浓厚的半殖民地半封建的色彩。

到民国时期，由于外来思想的影响及中国的教育改革，我国出现了一些极具代表性的幼儿园。例如，1919 年南京高等师范附属小学下设的幼稚园、陈嘉庚创办的厦门集美幼稚园、熊希龄创办的北京香山慈幼院。

1923 年陈鹤琴创办的第一所教育实验中心——南京鼓楼幼稚园、1927 年 3 月陶行知创办了第一个乡村幼儿园——南京燕子矶幼稚园、1935 年浙江大学教育系的培育院。

抗战时期具有代表性的是 1938 年建立的陕甘宁边区第一保育院。

新中国成立之后的幼儿园发展比较迅速，虽然中间曾经遭遇挫折，但总体是向前发展的。

改革开放之后，我国的幼儿园出现了长足的发展，形成了以公办园为主导、民办园为主体、托儿所早教机构等为辅助的多种形式相结合的发展格局。

（2）我国近代的法律法规。

我国近代关于学前教育的法规最早的是清朝政府颁布的关于学制系统的《奏定学堂章程》。在 1903 年，由张百熙、张之洞、荣庆等奏拟。由于这年是癸卯年，因此又称为《癸卯学制》。除规定学制系统外，还订立了学校管理法、教授法及学校设置办法等，一直实施到辛亥革命的时候才停止。它的主要内容包括《学务纲要》《大学堂章程》《优级师范学堂章程》《初级师范学堂章程》《实业教育讲习所章程》，以及《各学堂管理通则》《任用教员章程》《各学堂奖励章程》等。《癸卯学制》规定了教育的年限：小学九年，中学五年，高等学堂及大学堂六年至七年，入学年龄为 6 岁。

到民国时期，政府也有关于学前教育的法规文件颁布。1912 年，蔡元培主持制定并颁布了"壬子学制"。1913 年重新修订更名为《壬子·癸丑学制》，将"蒙养院"改为"蒙养园"，附设在小学和女子师范学校内。1922 年，北洋政府颁发了《学校系统改革案》（称《壬戌学制》），"蒙养园"

改为"幼稚园",正式列入学制系统。1932 年,国民政府正式颁布了《幼稚园课程标准》,从此我们有了属于自己的幼儿园课程标准。

新中国成立后,我国在学前教育领域的法律法规又有了新变化。1951 年,颁布了《关于改革学制的决定》,规定幼儿教育机构名称是幼儿园,奠定了我国新学制的基础。就在同一年,国家还制定了《幼儿园暂行规程》和《幼儿园暂行纲要》,规定了幼儿园的任务、目标、教养原则及活动项目等。

改革开放之后,幼教领域有了长足的进步。1989 年颁布了《幼儿园管理条例》,用法规的形式规定了幼儿园的任务、管理及保育教育工作。1996 年正式施行的《幼儿园工作规程》,明确规定了幼儿园的任务、目标、原则,规范了幼儿园的卫生保健和教育工作,并对幼儿园的园舍、设备等做出了明确的规定,还涉及幼儿园工作人员的任职资格和主要职责,成为我国幼教领域的指引性文件。2001 年我国颁布的《幼儿园教育指导纲要(试行)》在知识观、发展观上,结合了世界上早期教育的优秀思想、研究成果,进一步推动了我国学前教育的发展。2012 年,我国颁布的《3 ~ 6 岁儿童学习与发展指南》,对幼儿园的教育目标、内容、教育活动组织等提出了清晰而具体的要求,引导着幼儿园教师和家长了解 3 ~ 6 岁儿童学习与发展的基本规律和特点,从而更好地促进幼儿的发展。

第二节 从古到今的学前教育思想

随着学前教育的发展，在这一领域中出现了一批极具代表性的教育家，对学前教育的发展起到了重要的推进作用。

一、国外的学前教育思想

古代并没有专门的学前教育机构，也并未产生专业的学前教育思想及专业研究学前教育的人，但有一些教育家、思想家的著作中曾涉及了学前教育思想。

古希腊的哲学家柏拉图在其著作《理想国》中，提到了"凡事开头最重要。特别是生物，在幼小柔嫩的阶段最容易接受陶冶，你要把他组成什么形式，就能塑成什么形式。""要鼓励母亲和保姆给孩子们讲那些已经审定是编得好的故事，以此铸造孩子的心灵，这得比塑造他们的身体更仔细。"

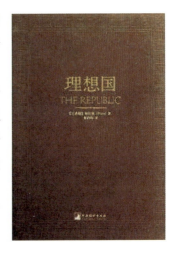

在西方教育史上，亚里士多德在《政治学》中首次提出并论证了教育要适应儿童自然天性发展的思想，并以此确定了教育的年龄分期，对各年龄阶段教育的要求、组织、内容和方法等提出具体意见，指出成人应根据儿童年龄特征对其进行教育。他认为人不同于其他动物，身心具有作为人的某种特性。只有遵循这种特性，教育才能有成效。并把一个人从出生到21岁期间受教育的年龄按每7年为一自然阶段划分为3个时期：从初生到7岁为第一个时期；从7岁到14岁（青春期）为第二个时期；从14岁到21岁为第三个时期。亚里士多德对第一个时期进行了深入研究，并谈到了胎教问题，针对胎教提出了优生、优育、胎儿保健、计划生育的见解。

古罗马教育家昆体良提出儿童教育要及早开始，"从孩子刚一出生的时候，作为父亲首先对他寄以最大的希望，这样，才会一开始就精心地关怀他的成长。"在幼儿期就应该对其进行语言、道德、音乐、记忆力和创造力的培养。并谈到了幼儿教育的方法，注重游戏的功能，寓教于游戏之中。反对孩子的娇生惯养，父母应该成为孩子的良好榜样，反对体罚，还提出了关于儿童的看护和对学前教师的要求。

欧洲从5世纪以后进入中世纪，文化和教育受教会控制，这一时期流行儿童原罪论，认为儿童天生有罪，应该在棍棒下接受教育。

到了14世纪以后，资本主义逐渐兴起，文化思想上出现了文艺复兴运动，教育学逐渐形成一门独立的学科，并树立了全新的儿童观，

涌现出了许多著名教育学家。19世纪以后，学前教育学逐渐发展成为一门独立的学科。

1. 夸美纽斯观点

夸美纽斯是17世纪捷克的伟大爱国者、教育改革家和教育理论家，是人类教育史上里程碑式的人物。夸美纽斯的主要著作《大教学论》被看作是教育学成为一门独立科学的标志。其中第28章讲述了关于学前教育的内容，其著作《母育学校》可以说是世界上第一部学前教育学专著。夸美纽斯的教育思想构成了一个完整的体系，即"泛智主义"，他将其解释为要阐明"把一切事物教给一切人类。"其关于学前教育的主要观点如下。

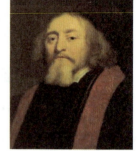

夸美纽斯

（1）教育必须适应自然。

适应自然一是指遵循自然和社会中普遍的法则，二是指教育遵从儿童的天性。他认为整个世界都是按照机械原则安排的，都是有秩序的，保持良好的秩序，事物可保持其地位和力量，而学校应该按照一定秩序去组织。他强调教育要符合儿童的"天性"，每个人都应该顺着其自然的倾向去发展。

（2）儿童观。

夸美纽斯认为儿童是"上帝的种子"，是无价之宝，充分肯定了幼儿的价值，提倡尊重儿童。

学前教育的意义、任务、内容、原则、方法，以及与小学的衔接和过渡。其中涉及了直观性教学、在活动与游戏中学习等。

2. 福禄贝尔观点

福禄贝尔

福禄贝尔是德国著名教育家，幼儿园创始人，近代学前教育的奠基人，于1837年创办了世界上第一所幼儿园，标志着学前教育由家庭开始转向公共社会机构教育。他设计了一套游戏与作业材料，系统地阐述了关于幼儿园的基本原理和教学方法。创办了培训幼儿教师的机构，推动了世界各国幼儿园的建立，并使学前教育学开始成为一门独立的学科。其主要的学前教育思想如下。

（1）幼儿自我发展的原理。

福禄贝尔认为，教育应顺应儿童的"内在"的生长法则，让儿童获得自然地、自由地发展，教育教学和活动必须适应儿童的身心发展特点和规律，才能促进儿童的发展。

（2）游戏理论。

福禄贝尔认为，游戏在学前教育体系中具有重要的作用，既是儿童生活的重要组成部分，也是学前教育中的一个主要的教育方法和手段。他制定了一套游戏，旨在儿童通过游戏活动来发展认识能力、想象力、创造力等，并培养幼儿良好的道德品质。还设计了一套恩物，用来发展儿童的各项能力。

（3）协调原理。

福禄贝尔认为，幼儿与周围的环境、社会、自然是协调、融合的整体。

（4）**亲子教育。**

福禄贝尔非常重视亲子教育，主张"父母是孩子的第一任老师"。"国民的命运，与其说是操纵在掌权者手中，倒不如说是握在母亲的手中，因此，我们必须努力启发母亲——人类的教育者。"

3. 蒙台梭利观点

（1）**幼儿自我学习的法则。**

蒙台梭利主张以自我教育为主，在教育活动中，儿童是主体、是中心，要从日常生活的训练入手，配合良好的学习环境，丰富的教具，让儿童自发地主动学习，独立思考，自我发现，自我教育和成长。教师和家长只是儿童活动的观察者和指导员。这种孩子自己探索的教育模式比灌输式教育的效果要好得多。

小资料：蒙台梭利简介

蒙台梭利出生于意大利安科纳省的希亚拉瓦莱镇，是意大利历史上第一位学医的女性和第一位女医学博士。1907 年蒙台梭利在罗马贫民区建立"儿童之家"。招收 3~6 岁的儿童加以教育，她运用自己独创的方法进行教学，结果出现了惊人的效果：那些"普通的、贫寒的"儿童，几年后，心智发生了巨大的转变，被培养成了一个个聪明自信、有教养的、生机勃勃的少年英才。蒙台梭利崭新的、具有巨大教育魅力的教学方法，轰动了整个欧洲，"关于这些奇妙儿童的报道，像野火一样迅速蔓延"。人们仿照蒙台梭利的模式建立了许多新的"儿童之家"。

蒙台梭利

（2）**重视教育环境的作用。**

蒙台梭利认为，有准备的环境是关键。学习的环境应该是适合儿童在内的需要和兴趣的，是能够诱发儿童自由自主活动的场所。在这里，他们不仅可以享有智力发育方面的潜在的、精神上的自由，而且能够使儿童从生理生长到机体活动，都可以在这里找到"成长与发育的最好条件"。这个环境的特点是：自由发展、有秩序、生气勃勃、愉快。

（3）教师的作用。

蒙台梭利认为，教师是环境的创设者、观察者、引导者。

（4）幼儿的自由和作业相结合的原则。

　　蒙台梭利认为，作业就是自由活动，儿童的作业是符合儿童兴趣的，因此儿童在活动时是专注的，也就形成了良好的纪律，这就是自由和作业相结合的原则。

（5）重视感觉教育。

蒙台梭利认为，3～6岁儿童的各种感觉先后处于敏感期，应对儿童进行系统的、多方面的感官训练，为其智力和思维的发展奠定基础。她专门设计了一套关于感觉训练的教具。

✏ 评价：

蒙台梭利的教育观偏重智能而忽视幼儿情感的陶冶，忽视幼儿的社会化活动。其感觉教育教具脱离幼儿的实际生活，过于狭隘、呆板，操作法过于机械等。

4. 皮亚杰观点

皮亚杰，瑞士人，近代最有名的儿童心理学家。皮亚杰提出儿童心理发展有4个基本要素：成熟、练习和习得的经验、社会性经验、具有自我调节作用的平衡过程。

皮亚杰根据儿童认知发展将儿童划分为4个阶段：感知运动阶段（0～2岁）；前运算阶段（2～7岁）；具体运算阶段（7～11岁）；形式运算阶段（11～15岁）。在教育中的应用，要根据儿童思维发展的年龄特点对儿童进行教育。

皮亚杰

5. 约翰·杜威观点

约翰·杜威是美国著名哲学家、教育家，实用主义哲学的创始人之一，功能心理学的先驱，美国进步主义教育运动的代表。

19世纪流行的是殖民时期沿袭下来的旧教育，再加上19世纪后期，从德国传入的赫尔巴特教学方法逐渐刻板化，使得当时的学校陈陈相因，缺乏生气。美国实用主义教育家杜威是当时传统教育的改造者，是新教育的拓荒者，他提倡从儿童的天性出发，促进儿童的个性发展。

"教育即生活""教育即生长""教育即经验的改造"，这3个命题构成贯穿杜威整个教育思想的主旋律。

约翰·杜威

二、我国学前教育思想的发展

我国的学前教育思想早在西周时期就已经存在了，有为贵族设立的小学，负责儿童的教养。后来又有南北朝时期的颜之推，其观点可用"少成若天性，习惯如自然"来形容。而后来的朱熹、王守仁也都曾对学前教育提出了自己的观点。这一时期的学前教育思想，可以简单概括如下。

①重视家庭教育。颜之推的《颜氏家训》详细介绍了关于家庭教育的内容、方法等。

②以礼仪、道德的学习为主。古代对儿童进行的常规教育被概括为"幼仪"或"童子礼"。那时候礼教是儿童生活常规教育的核心。

③重视胎教。贾谊、颜之推、朱熹都提到了胎教的重要性。

到了近代我国的学前教育有了长足的进步，出现了一批具有代表性的教育家，我们选取了两个比较重要的人物来介绍。

1. 陶行知

陶行知是我国著名的教育家、思想家，伟大的民主主义战士、爱国者，中国人民救国会和中国民主同盟的主要领导人之一。陶行知提出了"生活即教育""社会即学校""教学做合一"三大主张，生活教育理论是陶行知教育思想的理论核心。

陶行知

（1）农村幼儿教育事业的开拓者。

陶行知认为，工厂的工人和农村的妇女在忙碌时无暇顾及孩子，创办"省钱的（经济的）平民的适合国情的"幼儿园，会受到人们的欢迎。他创办了我国第一所乡村幼儿园——南京燕子矶幼稚园，还创办了培训教师的晓庄师范学校。

（2）重视幼儿教育。

陶行知认为6岁以前是人格陶冶最重要时期，培养的好，自然会成为社会优良分子，因此提出"我们必须唤醒国人明白幼年的生活是最重要的生活，幼年的教育是最重要的教育。"

（3）生活是教育的中心。

陶行知认为"生活即教育，社会即学校"，"提出全部的课程包括了全部的生活，一切课程都是生活，一切生活都是课程"的主张。

（4）教、学、做合一的教育方法。

陶行知主张"教、学、做合一"，这是使教与学都以做为中心，以行求知，手脑并用。学前教育很适宜用教、学、做合一的方法，让儿童在活动中通过操作进行学习，教师在儿童的活动过程中进行教育、教学。

（5）解放儿童的创造力。

陶行知先生认为："幼儿是天生的创造家；幼儿是积极的探索家；幼儿是自主的管理者。"他提出"六大解放"：解放儿童的头脑，使其能思；解放儿童的双手，使其能干；解放儿童的眼睛，使其能看；解放儿童的嘴，使其能谈；解放儿童的时间，不逼迫他们赶考，使其能学习渴望的东西；解放儿童的空间，使其能接触大自然和大社会。

2. 陈鹤琴

陈鹤琴是中国著名儿童教育家、儿童心理学家，中国现代幼儿教育的奠基人。陈鹤琴提出了"活教育"理论，重视科学实验，主张中国儿童教育的发展要适合国情，符合儿童身心发展规律；呼吁建立儿童教育师资培训体系。编写幼稚园、小学课本及儿童课外读物数十种，设计与推广玩具、教具和幼稚团设备。一生主要从事于一系列开创性的幼儿教育研究与实践，有《家庭教育》等著作。

陈鹤琴

（1）反对半殖民地半封建的幼儿教育，提倡适合国情的中国化幼儿教育。

陈鹤琴认为，幼稚园的设施，应当处处体现本国的国情，那些具有世界性的教材、教法，在不违背国情的前提下也可以采用，这样幼稚园可以充分适应社会的需要。

（2）反对死教育，提倡活教育。

陈鹤琴的活教育体系包含以下 3 个方面的内容。

①目的论：做人，做中国人，做现代中国人。

②课程论：大自然、大社会，都是活教材。

③方法论：做中教，做中学，做中求进步。

（3）幼儿园课程理论。

①课程的中心。主张"幼稚园的课程可以用自然、社会为中心的"。让幼儿在大自然、大社会中去学习。

②课程的结构。陈鹤琴认为，儿童的生活是整个的，教材就必定要整个的，应该互相联系，不能把它们割裂开来。虽然课程内容分为 5 项，正如人的 5 个手指头，即"五指活动"理论，5 个手指头是连在一起的。

③课程的实施。提倡多样化的教学方法，如游戏法、小团体教学等。他提倡运用"整个教学法"来进行幼儿教育，"整个教学法就是把儿童所应该学的东西整个地、有系统地去教儿童学"。

（4）重视幼儿园与家庭的合作。

陈鹤琴主张幼儿教育应由学校和家庭双方承担，如此两方所施的教育才不会发生冲突，而所得的效果也更大。

单元二　我国的幼儿园教育之相关

目标定位

（1）了解教育目的，了解学前教育目标制定的依据。

（2）了解我国幼儿园教育目标，学会制定幼儿园的具体教育目标。

（3）了解我国幼儿园的双重任务。

（4）掌握幼儿园教育原则。

第一节　幼儿园教育的目标及任务

一、学前教育目标

1. 教育目的

教育目的是指一个国家、民族通过教育把受教育者培养成为什么样的人，它是国家对培养人才的质量和规格的总体要求，是教育活动的指挥棒，教师从事的一切活动都是为了实现这个目的。

教育者在施教前都有一个预期的想法，将受教育者培养成一个具有什么特点、能力、素质的人，这些都会清晰存在于施教者头脑中，以后的一切教育活动都是为了实现这个目的。

2. 学前教育的目标

由于幼儿园是目前我国学前教育机构最主要的形式，因此幼儿园教育效果的检验标准就是学前教育目标，这是一切教育活动的依据。

学前教育目标即幼儿园教育目标，是教育目的在幼儿园教育这一阶段的具体化，是国家对幼儿园提出的培养人才的规格和要求，是全国各类型幼儿教育机构统一的指导思想。

《幼儿园工作规程》规定了我国的幼儿园教育目标是："实行保育与教育相结合的原则，对幼儿实施体、智、德、美等方面全面发展的教育，促进其身心和谐发展。"

幼儿园工作规程

幼儿园教育的目标是完成幼儿教育任务，提高幼儿园教育质量的重要指导思想。国家通过这一目标对全国幼儿园教育进行领导和调控。

各级各类幼儿园应结合本园的地域文化和经济的实际情况，依据我国幼儿园教育的目标和幼儿身心发展的特征和发展潜力，确定幼儿园具体的教育目标。

3. 学前教育目标的制定

（1）制定学前教育目标的依据。

①国家的教育目的。教育目标是教育目的的具体化，应充分体现教育目的的方向性和统一性。

学前教育目标的层次丰富，每个层次都是上一层的分解和具体化，且受上一层次的制约，所以任何一个层次的教育目标，均应围绕教育目的的精神来制定。

②儿童身心发展的特征及发展需求。教育从根本上说就是教育人，所以制定的教育目标除了要符合社会的要求，还要符合受教育者的年龄特征及身心发展规律。例如，成人用积木拼装成不倒的小房子是最简单不过的事情，可是对于幼儿来说却要经过多次动手，承受多次失败，不断探索，才能搭出稳定、漂亮的小屋。因此，幼儿的发展是有一定年龄特征规律的，是一个按照一定顺序，不断地从低级向高级发展的过程。

制定教育目标对幼儿必须是可行和有益的，必须符合儿童的发展规律。"对幼儿实施体、智、德、美等方面全面发展的教育，促进其身心和谐发展。"是我国对学前教育机构提出的宏观目标。各级各类学前教育机构应该以此为指导思想，将这一目标层层分解，将其具体化为不同的教育教学目标，落实到儿童的各种具体活动中，实现每个幼儿全面和谐的发展。这样就形成了金字塔的结构，图示如下。

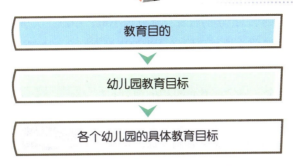

教育目的：是我国各级教育的总目标，处于金字塔顶端。

幼儿园教育目标：即幼儿园阶段教育目标，《幼儿园工作规程》所表述的幼儿园保育、教育目标就属于这一层次。

各个幼儿园的具体教育目标：每个幼儿园以国家幼儿保育教育目标为指导，结合本园特点，而将教育目标具体化，体现了国家对幼儿园教育的要求，又适合本园幼儿发展。

（2）制定学前具体教育目标的基本要求。

①**分解教育目标的方法要恰当。**处于金字塔底的各幼儿园具体教育是上一层次教育目标的具体化，是将幼儿园教育目标分解得到的，每个幼儿园分解幼儿园教育目标。形成本园具体的教育目标的方法不是单一固定的，要根据自己的实际情况，采用合适的分解方法。

·根据指导范围，可以把学前教育目标按从大到小的顺序依次分为4个层次。

- 第一层次：指导本园的教育目标
- 第二层次：指导一个班级的教育目标
- 第三层次：指导不同活动小组的教育目标
- 第四层次：指导每个幼儿的教育目标

·根据时间范围，可以把学前教育目标按时间从长到短的顺序依次分为5个层次。

- 第一层次：学年教育目标
- 第二层次：学期教育目标
- 第三层次：月教育目标
- 第四层次：周目标
- 第五层次：日活动目标

·根据幼儿的年龄阶段，可以把学前教育目标分为小班、中班、大班3个不同的年龄目标。

·根据教育内容，可以把学前教育目标划分为健康教育、科学教育、社会教育、语言教育、艺术教育五大领域教育目标。

②教育目标的涵盖面要全。将学前教育机构的教育目标层层具体化的过程实际上也是将教育目标的内容逐步具体化的过程。在制定教育目标时，一定要注意有利于促进幼儿全面发展，不可重视某些方面而偏废其他方面。例如，重智轻德；重视个体发展，轻视社会性发展；在艺术教育中重技能技巧而轻创造力、自信心的培养等都是不合理的教育目标。必须尊重国家幼儿园教育目标的指导思想，制定全面科学的具体教育目标。

③教育目标要有连续性和一致性。教育目标的实现是一个长期的过程，它由若干个不同的阶段组成，每个阶段性目标之间要相互衔接，体现幼儿身心发展的渐进性和连续性。每一层次的目标要为下一层次打下基础，下一层次要充分了解上一层次已完成的目标，相互之间做好无缝衔接，不要间断，也不要重复相同的目标，使幼儿园圆满完成国家要求的该阶段教育目标。

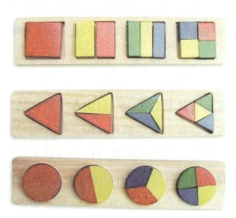

（3）教师是实现教育目标的基本保证。

学前教育目标的实现不是一件简单的事情，在实施过程中会受到方方面面的干扰和影响，如来自家长和社会的"重智轻德"思想。又如，有的家长是那种"上幼儿园就是让孩子玩"的思想，这是一个极端，认为孩子不必去接受老师对孩子进行的规则教育，只要孩子高兴就行。这些观念使学前教育目标在实施过程中会出现很多障碍，这就要求幼儿园教师具有很高的素质去把握调控。

教师明确了教育目标，将之转化为教师自己内在的正确的教育观念，以此指导自己的工作，不断促进幼儿全面和谐地发展；在实施过程中，探究适合该教育目标的最好的教育教学手段、形式、内容等。并且，不断做好与家长社区的有机联系，将一棵大树发展成一片森林，使人人都树立正确的教育观念，便能保证幼儿园教育目标的顺利实施。

二、学前教育任务

我国学前教育机构担负着为幼儿和幼儿家长服务的"双重任务"。学前教育作为基础教育的组成部分，与其他各类各级教育机构一样，担负着为实现我国教育目的服务的任务，使受教育者在德、智、体、美诸方面得到全面发展，为社会主义现代化建设培养建设者和接班人。同时幼儿园又是一种社会公共育儿机构，具有福利性，因此，它负有其他学校教育机构所没有的为家长服务的特殊任务。学前教育机构的双重任务体现了其在社会主义现代化建设中的独特作用。

1. 学前教育机构对幼儿实施教育和保育

在幼儿园阶段，教育和保育相结合，促进幼儿身心和谐发展，不可偏废某一方面，这是因为幼儿期儿童处在人生身心发展最迅速也最脆弱的时期，身体的生长发育是心理发展的物质基础，对人的一生发展起奠基作用。因此，幼儿阶段教中有保，保中有教，保教并举。

2. 学前教育机构为家长工作、学习提供便利条件

我国处于经济飞速发展阶段，农村城镇化进程也在加快，不论是城镇居民还是农村人口，都在一种紧张的节奏中生活、工作，加上对幼儿教育重要性的认识越来越明确，因此热切盼望将幼儿送入幼儿园接受教育，而幼儿园不仅是一个教育机构，也是一种社会福利机构，对幼儿起到了照顾、保护和教育的作用，替代了家长某些工作又增加了对幼儿的教育内容，为家长们解决了后顾之忧。因此，幼儿园显示出其他教育机构所不可替代的功能，充分体现出幼儿园的特殊价值。

3. 新时期学前教育机构双重任务的特点

（1）对幼儿身心素质的培养提出了更多的要求。

随着社会经济、政治、文化各方面的快速发展，我国进入了科技时代，国家社会需要知识型人才、高科技人才、复合型人才。作为教育机构，应当培养造就这种符合社会需要的高素质人才，人才的培养又必须从小抓起，幼儿园作为幼儿教育机构，担负着为培养新时代人才奠基的光荣而又艰巨的任务。

（2）为家长提供更多的服务，并满足家长更高的要求。

随着经济形势的快速变化，学前教育机构的服务范围也有了新的变化，那种类型单一，服务范围狭窄，机制死板的陈旧形式已经远远不能适应现代社会的需要，这要求在办园的形式、管理制度、收托时间、保育范围、运作机制等方面要更灵活、更方便、更能满足家长工作、学习、生活方面的需要。

在信息化时代的今天，人们会从多种渠道了解幼儿教育的重要性，于是对幼儿教育机构的教育质量和效果寄予了更大的希望，提出了更高的要求，不仅仅局限在吃得好，长得壮，更多地愿意让幼儿接受良好的教育。因此，幼儿园质量的高低成为家长最关心的问题。加上当今社会鼓励私人办幼儿园，幼儿园竞争力增强，提高保育和教育质量成了幼儿园生存和发展的关键，幼儿园只有教育质量提高才能良性发展，家长才能满意，幼儿园才能获得良好的社会效益。

第二节　学前教育的原则

一、学前教育的一般原则

学前教育原则是幼儿教师在为幼儿进行保育和教育时必须遵循的基本准则。幼儿园教育的原则包括两部分，一是各级各类教育包括幼儿园、中小学共同遵循的基本准则，属于一般的教育原则；二是针对幼儿园教育专门制定的准则，属于特殊的教育原则。我国幼儿教育的原则是幼儿教育的一般性和特殊性的统一。

1. 尊重儿童的人格尊严和保障儿童的合法权益的原则

蒙台梭利说："儿童有着他自己的人格，他自身具有创造精神的美和尊严。这种美和尊严是永远不能磨灭的，所以他的纯洁而非常敏感的心灵需要我们最谨慎的爱护。"

幼儿在成长发展过程中有强烈的尊重需要，因此成人（不论家长、教师还是其他人）都要通过对其关注，保持其自主性，对他们赞扬或认可，而尊重他们的人格。如果伤害了孩子的自尊心，就会对其以后的学习生活和发展造成负面影响，甚至伤及终身。

儿童是一个脆弱的群体，必须全方位地呵护儿童成长，切实保护他们的合法权益，为每个孩子撑起一片湛蓝的天空。例如，坚决抵制家庭暴力，保护儿童受教育权利，拒绝劣质食品，解决教育资源不均衡问题，促进儿童健康成长。

2. 促进幼儿全面协调发展的原则

幼儿教育要促进幼儿体、智、德、美等全方面发展和每个方面相互协调、共同进步。

（1）幼儿的发展是整体的发展而不是片面的发展。

教育必须促进幼儿体、智、德、美诸方面的全面发展，不能偏废任何一个方面。

幼儿园教育具有广泛性、启蒙性，幼儿有着各方面都得到发展的潜质和可能，幼儿园应当为促进幼儿身心各方面的良好发展奠定基础。

如果培养出的幼儿头脑聪明，但身体虚弱，或者身体强壮却不会学习，道德败坏，这都是失败的教育，这样只突出一方面的教育将不利于幼儿的发展及社会的进步。

（2）幼儿发展应是协调的发展。

幼儿发展应是协调的发展。协调发展包括以下几个方面。

①儿童身体的各个器官，各个系统机能的协调发展。

②儿童各种心理机能，包括认知、情感、性格、社会性、语言等协调发展。

③儿童的生理和心理协调发展。

④儿童个体的需要和社会的需求之间的协调发展等。

（3）幼儿的发展是有个性的发展。

幼儿全面协调的发展，并不意味着个体在体、智、德、美各方面齐头并进地、平均地发展。教育除了使幼儿达到国家统一要求的标准之外，还应该根据每个幼儿的个性特征和潜在才智，进行个性化培养和教育，使其在个性方面得到更好地发展。

3. 面向全体，重视个别差异的原则

在教育过程中，教育者在关注全体受教育者的同时，还应重视儿童的个别差异，因材施教，有针对性地采取最有效、最合理的方式促进每个儿童的发展。

（1）教育要促进每个儿童的发展。

每个儿童都享有平等的受教育权利。教师要平等地对待每个儿童，使每个儿童都得到最好、最适宜的教育。一定要避免只重视学习好、能力强的儿童，嘲笑甚至歧视不出众、发展慢、不爱说话的儿童。要保证每个儿童受教育权都得到充分保障。

（2）教育要促进每个儿童在原有基础上有所发展。

教育要面向全体儿童，不要求教育达到所有儿童整齐划一，齐头并进的效果。全面发展也不是让每个幼儿的每个方面都达到同等水平。由于幼儿的需要、能力、兴趣、学习方式等各有不同的特点，使他们在发展中存在一定的不均衡性。教师应该发扬每个幼儿个性中的长处，纠正其个性中存在的问题，有的放矢地进行教育实践，促进每个幼儿在原有基础上得到应有地发展。

（3）组织多种形式促进儿童发展。

在教育实践中，要灵活运用集体的、分组的、个别的教育组织形式或者几种形式的组合。而集体活动是我国教育机构目前进行教育的主要组织形式，其他两种形式使用较少，

这样不利于教学中满足不同儿童的不同需要。其实，集体活动不仅仅是面向全体，小组和个别活动也不只是照顾个别差异。不重视个别差异的集体活动不可能真正实现面向全体。

4. 充分利用其他教育资源的原则

教育必须认识到儿童群体及家庭、社会都是宝贵的教育资源，要充分发挥它们的教育作用，使之对儿童的发展发挥强大的影响作用。闭门教学，两耳不闻窗外事，只灌输陈旧知识的教育理念是不能适应现代教育要求的。

二、学前教育的特殊原则

1. 保教结合的原则

保教结合即保教合一，保教并重，是指教师对幼儿保育和教育要同等重视，并使二者相互配合，互相融合。

保教结合原则是根据国家全面发展教育目的的要求，结合幼儿身心发展特点和幼儿园工作规律提出的，是现代幼儿教育观的反映，是科学育儿、科学管理幼儿园的需要。把握这个原则应注意以下几点。

（1）幼儿园工作包括保育和教育两方面。

保育和教育构成幼儿园教育的全部内容。保育主要是为幼儿的生存和发展创设有利的环境和提供物质条件，给予幼儿精心的照顾和养育，帮助其身体和机能良好地发育，促进其身心健康发展。幼儿园保育工作包括幼儿日常活动、每日工作等。幼儿教育则是能够影响幼儿身体成长和认知、情感、性格等方面发展的有目的的活动。培养幼儿积极主动的态度、浓厚的学习兴趣和与环境有效互动的能力，帮助幼儿树立初步的合作意识和拥有责任感等。

（2）保育和教育工作相互联系，互相渗透，交互进行。

保育和教育工作虽然各有自己的职能，但鉴于幼儿身心发展的特点和社会对幼儿教育的要求，二者要紧密联系，相互渗透，交互进行。

教育中包含了保育的成分，保育中也渗透着教育的内容，两方面工作交互进行。例如，幼儿体育活动中搬放小型活动器材，可以提高其活动能力、自我保护能力和合作能力；在就餐时通过喝豆浆，吃饼干，启发幼儿感知并说出食物在身体中经过了哪些地方，培养其感知能力和语言表达能力，了解食物在各器官中的变化。保育教育融合在一起才能收到最佳效果。

对幼儿实施保育教育的过程，实际上也是对幼儿在体、智、德、美诸方面实施有效影响的过程。保育教育不是孤立进行的，而是在统一的教育目标指引下，在同一教育过程中实现的。重教育轻保育不能保障幼儿身体的正常发育，使幼儿失去日后接受教育的生理基础。

2. 以游戏为基本活动的原则

游戏是幼儿园的基本活动。鲁迅先生曾说："游戏是儿童的天性；玩具是儿童的天使。"游戏是对幼儿进行体、智、德、美等全面发展教育的有力手段，幼儿园教育应以游戏为基本活动。

幼儿天生爱游戏，高尔基说过："儿童通过游戏，非常简单、非常容易地去认识周围的世界。"游戏是一种符合幼儿身心发展要求的快乐而自主的活动，它具有自主性、趣味性、虚构性、社会性和具体实践性等特点。游戏可以丰富和巩固幼儿的知识，促进其各种能力的发展。游戏不仅接近幼儿生活，带给幼儿快乐，而且能使其各种心理需要得到满足，从而有效地促进幼儿健康发展。

3. 教育的活动性和活动的多样性原则

学前儿童思维的直觉行动性和具体形象性及身心发展的关键期决定了幼儿要在活动中逐步积累经验，获得真知。离开了活动，儿童就不能发展。教育机构应以活动为基础开展教育过程。

（1）教育的活动性。

活动性原则是指在教育教学中应当让幼儿在主动的活动中来学习并获得发展。

在教育教学活动中，幼儿在他们原有的发展水平上，通过与实际操作物体的活动，与教师、同伴的交往活动，构建他们自己的认知结构，发展其智力，体验和理解自我与他人间的相互关系和情感。因此，活动对幼儿的学习、发展至关重要。

（2）教育活动的多样性。

儿童多样且不断变化的需求、不同的教育内容，都要求教育的活动形式随之变化。

活动形式只有是多种多样的，才能满足幼儿的各种兴趣爱好与成长需求，才能使幼儿在各种不同的教育活动中得到全面的教育。

4. 发挥一日活动整体教育作用的原则

幼儿园一日活动是指幼儿园每天进行的所有保育、教育活动，它包括由教师组织的活动和幼儿的自主自由活动。

要充分认识和挖掘一日活动教育价值，通过合理组织、科学安排，发挥一日活动一致的、连贯的、整体的教育作用，寓教育于一日活动之中。

发挥一日活动教育作用时，需要注意以下两方面问题。

（1）一日活动中的各种活动不可偏废。

劳动节开展的活动，母亲节进行的活动，绘画手工活动；聚在一起的集体活动，单独的个体活动……由于各种教育活动的作用各不相同。因此，对幼儿发展来讲，所有活动都是必不可少的，不能随意削减或者取消任何一种活动。

在幼儿教育实践中，较多地存在"重教学活动、轻生活活动"，"重有组织的活动、轻幼儿自由活动"的错误倾向。生活活动不仅是幼儿健康成长所必需的，也是幼儿最重要的学习内容和学习途径，是幼儿教育机构的教育内容，幼儿自由活动可以培养幼儿的主动性、独立性，创造力、想象力，对幼儿健康人格的发展非常重要。因此，教师应当注意克服上述两种错误倾向，保证幼儿身心健康成长。

幼儿园教育指导纲要（试行）

（2）各种活动必须有机统一为一个整体。

任何一种活动对幼儿教育都有其主要作用，但是并不是一种活动就能够完全实现某一教育目标，各种活动有机结合，形成合力，才能发挥整体教育作用，因此教育目标在各种活动中如何渗透实施就成为非常关键的问题。

例如，培养幼儿合作意识，就需要在生活中，培养幼儿学会接触和欣赏别人，关心他人，善解人意；在教学活动中，多采用小组活动，以小组为单位争胜负，让幼儿体会齐心协力，共同合作的益处；在劳动过程中，建立起融洽、友善的亲密伙伴关系，树立分工合作、互相帮助，才能提高效率的意识。

以上是幼儿教育的原则，各条原则反映了对教育者的不同要求，又彼此密切联系、相互渗透、不可分割。因此，应在深刻理解每条原则的基础上进行综合应用。

第三节　全面发展教育概述

一、幼儿园全面发展教育的含义

幼儿园全面发展教育是指以幼儿身心发展的现实与可能为前提，以促进幼儿在体、智、德、美诸方面全面和谐发展为宗旨，并以适合幼儿身心发展特点的方式、方法、手段加以实施的、着眼于培养幼儿基本素质的教育。

《幼儿园教育指导纲要（试行）》中明确规定：幼儿园的教育内容是全面的、启蒙性的，可以相对划分为健康、语言、社会、科学、艺术五大领域，也可作其他不同的划分。各领域的内容相互渗透，从不同的角度促进幼儿情感、态度、能力、知识、技能等方面的发展。

全面发展教育是我国幼儿教育的基本出发点，也是我国幼儿教育法规所规定的幼儿教育的任务。

全面发展是指不可偏重任何一个方面或忽视任何一个方面的发展。全面发展不意味着幼儿在体、智、德、美诸方面齐头并进地发展，也不是指幼儿在各个发展侧面孤立地发展。因此，幼儿园全面发展是在幼儿体、智、德、美诸方面全面发展的基础上，允许幼儿个体实现自己有某方面特长的发展，并且应注重诸方面要相互渗透地进行，注重幼儿各方面发展的和谐与协调。

二、全面发展教育的内容

全面发展教育的内容有 4 个方面：幼儿体育、幼儿智育、幼儿德育、幼儿美育。

1. 幼儿体育的内容

（1）促进幼儿身心健康发展。

①建立良好的生活环境。

②制定、执行合理的生活制度和卫生保健制度。

③引导幼儿积极锻炼。

④为幼儿提供合理膳食。

⑤帮助幼儿建立健康的心理。

（2）促进幼儿灵敏性、协调性发展。

在体育课、体操、游戏中进行一些基本活动，如走、跑、跳、投、钻、攀爬，提高儿童的反应速度，培养动作的协调性。这些活动也可在日常生活中巩固。

（3）提高多种能力。

对于脆弱的幼儿，进行安全知识教育十分必要。让幼儿具有危险意识，提高自我保护能力是教师的一项重要任务。同时，在体育活动中可以提高幼儿的认知能力和应变能力，分组体育活动中可以培养其合作能力。

（4）培养幼儿优良品质，发展个性。

严格合理的生活作息制度，卫生保健制度，可以促使幼儿逐渐养成规律作息、讲究卫生的良好习惯，建立初步的自律意识。

在基本动作的训练及一些粗浅知识的教授中，还应完成发展智力，培养勇敢、果断、机敏、灵活、积极向上、团结友爱等优良品质的教学任务。

2. 幼儿智育的内容

（1）使幼儿获得基础知识与基本技能。

直观性思维与具体形象思维决定了幼儿获取的知识应该是浅显的、最基本的。这些知识包括与他们生活密切相关的生活常识（如衣食住行的常识）、社会常识（如自己的家乡、人与人之间的关系）、自然常识（如大自然中的花草树木、天气变化），以及幼儿能够理解的科学技术知识（如日常生活中的通信工具、科学发现）与国家政治生活有关的初步知识（如国家的名字、国旗、领导人）等。

在各种活动及日常生活中教授幼儿一些基本技能，如怎样使用剪刀、如何系鞋带、怎样将书排放整齐、如何正确阅读等，这对幼儿将来的独立生活及智力发展都有极大帮助。

（2）发展幼儿的智力。

具有相同知识的幼儿，智力水平不一定相同。教师教授知识及技能的同时，要注意发展幼儿的智力。

发展幼儿智力主要包括以下内容。

①促进幼儿认知能力的发展，如发展幼儿的记忆能力、观察能力、语言理解能力、数学计算能力、空间感知能力等。

②培养幼儿良好的智力品质，如思维敏捷度、理解深刻度、解决问题的独创性等。

（3）培养幼儿求知的兴趣和欲望及良好的学习习惯。

"兴趣是最好的老师"，爱因斯坦这句话是说人一旦对某事物产生浓厚兴趣，便会主动愉悦地去求知、去探索、去实践。而好奇心是幼儿求知兴趣和欲望的最初表现。保护幼儿的好奇心，将其发展为学习的兴趣和欲望是幼儿智育的重要内容。

良好的学习习惯有助于学习积极性的保持，学习效率的提高，能培养创新精神和创造能力，培养终身学习的理念。学习习惯的培养必须从幼儿期开始。

良好的学习习惯包括：学会倾听教师、同伴讲话，做事有耐心，爱护文具，随时整理，认真完成学习任务等。

3. 幼儿德育的内容

根据幼儿德育的目标及《幼儿园教育指导纲要（试行）》的相关内容，幼儿德育包括以下两个方面内容。

（1）发展幼儿社会性。

社会性是生物作为集体活动的个体，或者作为社会的一员活动时所表现出的有利于集体和社会发展的特性，是人的不能脱离社会而孤立生存的属性。例如，有组织性，奉献精神，安心工作等。人的社会属性基本上是后天依靠教育形成的。幼儿的品德教育其实就是帮助幼儿实现社会化的过程，即让幼儿逐步认识到自己对社会应该做什么，如何做才能融入社会，被社会认可。每一个受教育者都必须按国家和社会的要求来规范自己的思想和行为。这是一个漫长的过程，幼儿教师必须将其作为幼儿教育的重要任务去完成。

①情感教育——培养幼儿爱的情感。爱的情感不仅仅包括对父母、师长、同学同伴的小我之爱，还包括对国家、民族、社会、集体的大我之爱，这些对于幼儿的成长都是必不可少的。

"床前明月光，疑是地上霜。举头望明月，低头思故乡。"这种朴实的情感不是一下子爆发的，而是通过培养、体会慢慢蓄积的。

爱的情感包括：爱家乡、爱集体、爱祖国、爱劳动、爱科学等。爱的情感是幼儿思想和品德发展的基础和动力。

幼儿在充分体验到被爱的基础上，便能产生指向外部世界的爱。因此，使幼儿产生爱的情感依赖于周围环境对他给予的爱，教师要创设一个充满爱的环境，不断丰富幼儿的情感体验，增强其道德观念，构建幼儿丰富而美好的精神世界。

②形成必要的社会行为规范。幼儿社会性的教育还体现在通过社会公德教育，形成必要的社会行为规范，主要包括讲礼貌、守规则、讲卫生、爱护公物、保护环境等。

③学习人际交往技能。幼儿教师通过对幼儿的教育培养，使之能够了解自己和周围的人与事，学会处理与小朋友、教师、父母和其他人的关系。例如，学习如何提出自己的想法；如何加入别人

的活动；如何分享、合作、轮流；如何理解、尊重、帮助别人；如何解决与小朋友之间的纠纷；如何个人服从集体等。

（2）发展幼儿良好个性。

幼儿期是个性形成的关键期。幼儿良好的个性品质主要包括自信、诚实、勇敢、坚毅，有创造力、主动性、主体性、独立性，积极向上，性格活泼开朗。

目前我国幼儿性格中存在自信、活泼开朗、自我意识强等优点，但也表现出了自私、任性、自理能力差等缺点。因此，有针对性地帮助幼儿个性健康发展是幼儿德育的重要内容。

4. 幼儿美育的内容

（1）培养美的兴趣与对美的感知。

幼儿对美有一种天然的兴趣。大千世界为幼儿美的培养提供了丰富的资源。作为教育者，必须去引导幼儿感受美、认识美、欣赏美。美的事物有声、有色、有形、有魅力，能引起幼儿的无意注意而使他们高兴起来。因此，应该给幼儿提供美的事物，让他们从直觉开始，产生对美的兴趣，培养审美情感，如带领幼儿领略自然美、欣赏节日艺术美等。

幼儿对美有本能的感知兴趣，但是这种自发的、无意识的兴趣若得不到正确的培养和引导，就可能停留在短暂、肤浅、零散的水平上，或者随着年龄增大，逐渐淡漠乃至消失。所以，培养幼儿的审美感知是十分必要的。这就需要积极引导幼儿去亲身感受和体验现实生活和自然环境中的美，使其感知美、对美变得敏感起来，从无意识的对美的东西的注意到模仿周围成人对美的感受，直至自觉地认识美、欣赏美、表现美。

幼儿的审美感知具有表面性和行动性的特点，即容易接受表面的、简单的形式美，常以动作、表情、言语和活动等方式表现美。因此应充分利用各种时机，组织各种活动，让幼儿运用各种感觉器官和基本的认知能力去感知美，丰富对美的感受。

（2）鼓励幼儿表现美，培养幼儿的审美想象和创造。

幼儿有了美的情感，具备了审美的能力，就会产生表现美的行为。幼儿表现美的核心是幼儿的想象和创造。教师要给幼儿表现美的机会，允许幼儿自由创造，表达自己的情感理解和想象，多给予肯定，提高幼儿美的表现力。

总之，让幼儿感受美、感知美、表现美、创造美是幼儿美育的重要内容。

单元三　学前教育中的幼儿与教师

（1）能理解儿童身心发展特点，能结合实际分析影响儿童发展的因素。

（2）能清晰地描述儿童观的历史演变，能树立正确的现代儿童观。

（3）了解幼儿园教师的角色定位，了解幼儿教师的劳动特点，理解幼儿园教师的职业素养。

第一节　学前教育中的幼儿

在幼儿园中，教师和幼儿是最主要、最关键的人物要素。其中，教师是"教"的主体，幼儿是"学"的主体，幼儿园的教育主要是在这两者之间展开。科学的教育幼儿，是每一位幼教工作者应该履行的使命。因此，我们必须要首先了解幼儿，研究幼儿。

一、儿童观、发展观

1. 儿童观

（1）儿童观的概念。

儿童观是指对儿童的认识、看法以及与此有关的一系列观念之总和。即社会或成人怎么看儿童，把他们看成是什么样的存在。它涉及儿童的能力与特点、地位与权利、儿童期的意义、教育同儿童发展之间的关系等诸多问题。

（2）儿童观的演变历史。

①古代的儿童观。在古代，儿童被看成是"缩小"的成人，是小大人，和成人的区别也只是身高和体重不同而已。用成人的眼光来要求儿童，儿童要像成人一样去行动，充当童工、童农、童商等，使之过快、过早地生长发育，儿童的特点、儿童期的意义就会被完全忽视。

②中世纪的儿童观。到了中（5～15）世纪，即欧洲封建社会时期，在这段时期，认为儿童天生有罪、卑贱无知，他们可以随便被杀掉或抛弃，打骂、体罚儿童是常有的事，儿童没有独立的人格，同时自身的价值也得不到体现。

③文艺复兴时期的儿童观。文艺复兴运动后，儿童观的发展出现了大转折。16世纪，伟大的教育思想家伊拉斯谟指出，对待孩子，"首先是爱，然后渐渐随之以某种自然和温柔的尊严，而不是畏惧，前者比后者更有价值，用恐怖的手段来使儿童弃恶，乃是一种奴性的做法"。因此，自由的教育是符合儿童的。

17世纪，英国教育家洛克提出了"白板论"儿童观，即儿童不是生而有罪的，而是一块纯白无瑕的白板，具有极大的可塑性。儿童的发展是根据周围环境，是消极被动地接受外界刺激的结果，忽视了儿童的主观能动性。

伊拉斯谟

洛克

33

18世纪，法国卢梭提出了"自然论"儿童观，即认为儿童不是任意塑造的"白板"，而是有自己内在规律的自然存在。每个儿童都是一个独立的人的个体，有自己的思想、情感、需要和权利。

④新时期的儿童观。进入20世纪后，美国教育学家杜威提出的"儿童中心教育"，认为旧教育的重心在儿童之外，新教育的重心是儿童。

20世纪中、后期，儿童观取得了突破性的发展。1959年，联合国第14届大会通过了历史上第一个关于保护儿童权利的国际性公约——《儿童权利宣言》。1989年联合国第44届大会通过了《公约》（简称《公约》），使儿童的权利保护得到了实现，成为儿童观发展史上一个新的里程碑。

儿童权利宣言

⑤现代儿童观。如前所述，《公约》对幼儿权利的保护具有重要的意义。它是国际社会第一部富有法律效力的关于儿童权利的法律文件。而其中体现的儿童观，是以"幼儿为本"的儿童观，具体表现在以下几个方面：

· 以幼儿的全面发展为本。

以幼儿的全面发展为本，包括两层含义：一是以幼儿的个性为本。幼儿园教育要从幼儿的个性和兴趣、爱好、需要出发，给幼儿自由发展的空间，使其自身的价值得以实现；二是要在以幼儿为本的基础上，给予幼儿充分的指导，有目的、有计划、有组织地培养幼儿，遵循幼儿身心发展的规律。

· 公平地对待每一位幼儿。

儿童虽然年龄小，但他们和成人的关系是平等的人与人的关系，他们享有不同于成人的许多特殊权利，如生存权、受教育权、受抚养权、发展权等，这反映了人类对儿童在社会中的地位和权利的认可与尊重。在《公约》中强调，每个儿童都是独立的、平等的个体，成人应该尊重他们的思想感情、兴趣、爱好、要求和愿望等。相信每一位幼儿都能进步，促进幼儿在原有基础上获得最大的提高。在素质教育理念下，公平地对待每一位幼儿，这也是"以人为本"教育理念的要求。

· 因材施教。

由于遗传、环境、教育等的影响，每个幼儿都有自己独立的个性，教育必须面向每一个儿童，保证每一个儿童有同等的受教育机会。观察、了解每一个幼儿在身心发展的各方面所表现出来的不同发展水平和发展需要，是教师首先应该做到的，由于每个儿童的需要、兴趣、性格、能力、学习方式等各不相同，因此必须考虑每个儿童的特殊需要，因人而异地进行教育，使每个儿童都能发挥优点和特长，弥补不足，帮幼儿树立自信，才能真正促进幼儿的全面发展。

2. 发展观

儿童的发展，是指儿童在成长过程中，身体和心理方面有规律地进行量变和质变的过程。身体的发展，是指儿童机体的正常生长和发育；心理的发展，是指儿童的认识、情感、意志和个性的发展。

（1）儿童的发展是以个体的生物遗传素质为基础的。

只有那些顺应了儿童发展规律可以与儿童自我调节机制产生相互作用的外在刺激，才能在儿童的发展过程中起作用。所以，旨在引导儿童发展的教育活动，就必须把尊重儿童发展的规律作为实践的重要原则。

（2）儿童的发展蕴含于儿童主体的活动之中。

儿童的发展是作为一个生物和社会个体的儿童运用自我调节机制活动的结果，也就是说，儿童主体的活动是儿童发展的源泉，这也是我们提倡教育活动要调动学生的积极性、注重学生的感受和发挥儿童的主体性原则的原因。

（3）实现发展是儿童的权利。

我们应该承认有权获得发展，儿童的发展也与他自身利益相关联，1989 年底联合国大会通过的《儿童权利公约》明确提出了儿童"发展的权利"问题和保障措施。1990 年 9 月"世界儿童首脑会议"通过了《儿童的生存、保护和发展世界宣言》，承认和尊重儿童的发展权、受教育权，有助于我们理解学生在教育实践中的地位、作用等问题，也有助于我们处理好师幼、教学内容与幼儿发展、教学活动与幼儿发展等关系。

二、影响儿童的发展因素

1. 先天因素

（1）遗传素质为儿童发展提供了物质前提。

遗传素质是指个体从上代继承下来的一些天赋特点，包括一些与生俱来的解剖生理特征，如肌体的特点、感官和神经系统的特征等，特别是人的大脑的结构和机能的特点。遗传素质是儿童身心发展的物质前提，人们为了思考，必须借助于遗传素质，否则，人就无从感知，无法思维。所以，遗传素质对儿童的发展提供了可能性，但也不能过分夸大遗传素质的作用。

（2）胎内环境等先天素质对儿童发展的影响。

妊娠期，孕妇营养不良、患病或用药不慎、情绪状态不好等会影响幼儿的健康成长，造成胎儿智力发展缓慢、脑功能缺陷，甚至会造成先天畸形和中枢神经系统异常，影响出生后心理的正常发展。

2. 后天因素

（1）家庭环境对儿童发展起到重要作用。

家庭是社会的基本单位，是学前儿童最早接触的社会环境，对幼儿身心健康的发展十分重要。家庭结构、家长的教育能力以及对孩子的期望水平、教育方法和教养态度、父母的职业及社会经济地位、家庭的物质条件和氛围等，都与学前儿童的身心有着密切的关系，最终影响他们的行为和人格。

（2）社会环境引导和潜移默化地影响儿童的发展。

社会环境对幼儿的身心发展非常重要，如果离开了人类的社会环境，就不可能产生人的心理，众所周知，印度狼孩的事例充分证明了社会环境对儿童发展的重要意义。

学前儿童和其他社会人群一样，都生活在复杂的社会关系中。社会生活环境和各种因素都在不同程度上影响着幼儿的身心发展。在现代社会中，人们经常处于紧张之中，心理上的种种冲突、压力和焦虑不断地增加。社会价值观的多元化对幼儿产生了不可低估的影响，潜移默化地影响了他们的心理健康。随着时代的发展，计算机、网络等先进科学技术与幼儿的生活日益密切，儿童与各种社会传媒的接触，直接影响了儿童道德观念和行为的形成，对其身心发展产生重要影响。

（3）教育对儿童发展的主导作用。

幼儿园是儿童最早加入的集体教育机构。幼儿园的环境以及各种教育教学活动，都是在有目的、有计划、有组织的安排下进行的，是一个以教师和儿童之间的相互关系为主轴构成的社会集体。其基本功能就是通过教师与幼儿之间的双向交互作用来促进幼儿的社会性发展。可以说，幼儿园是促进幼儿身心健康发展最理想的场所，但在教育实践中，个别的幼儿园教育观念陈旧，教育态度和教育方法缺乏科学性，这是导致幼儿心理健康问题产生的重要原因。

3. 儿童的主观能动性

（1）儿童对外界信息具有主动反应的能力。

新生儿对母亲说话的反应要强于对铃声的反应；新生儿能回避令人不愉快的气味，更喜欢注视母亲的脸。稍大以后，幼儿便逐渐有了自己的情绪、情感、意志等心理活动。孩子会按自己的个性特点对不同的事物做出不同的反应，同样的事物在不同的孩子身上也会引起不同的反应。

（2）儿童会对外界做出一些创造性的反应。

幼儿虽然年龄小，但却具有主观能动性，他们主动吸收外界的信息，在活动中通过动手操作将认识的事物特性转化为自己的认知水平。如，幼儿进行创造性想象，将已知人和物组合变成故事，能够进行创造性的表演故事。幼儿的这一主观能动性主导着幼儿的学习和发展。

综上所述，人的发展是多种因素综合作用的结果，是先天遗传与后天环境以及主体在活动中的主观能动性的相互作用的结果，个体在身心发展过程中所表现出来的基本特点，不是某一因素单独作用的结果，而是综合作用的结果。

《幼儿园教师专业标准》说明

37

第二节 学前教育中的教师

幼儿教师是指在幼儿教育机构中对 3 ~ 6 岁儿童施加教育影响的专职工作人员。幼儿教师是幼儿教育活动中的组织者和实施者，对幼儿身心发展的影响是非常大的。本节主要对幼儿教师的角色定位、幼儿教师的劳动特点和幼儿教师的职业素养来进行探讨。

一、幼儿教师的角色定位

所谓角色是指做一个什么样的人，所处的位置如何。一方面，作为幼儿教师，本身的角色观直接影响他们在活动中所处的位置，也影响其工作状态。在幼儿的发展中，教师扮演了很多角色，有时教师是知识的传递者，有时教师是幼儿的支持者、鼓励者，有时教师是活动的参与者，都对幼儿的发展起到了很好的作用。另一方面，社会对幼儿教育总的要求与期望也会影响幼儿教师的角色。纵观幼儿教育发展的历史，不同历史时期有着不同的幼儿教师角色观，大体经历了由保姆到教师再到角色多样化的阶段。幼儿教师扮演的角色越多，越有利于幼儿的身心发展。

目前，我国幼儿教师的角色应有如下定位。

1. 幼儿教师是教育者

幼儿园是一个公共的教育机构，教师的主要任务就是教育和教导幼儿。因此，教师的主要职责就是教育孩子。从这个角度讲，幼儿教师首先是一个教育者，要以一个教师的标准严格要求自己。作为教育者，幼儿教师要做到热爱、关心每一个幼儿，尊重每一个幼儿，公平地对待每一个幼儿，注重幼儿的身心全面发展，为幼儿提供适宜的物质环境和精神环境。

2. 幼儿教师是幼儿的保护者

幼儿园是幼儿接触的第一个社会性机构，是幼儿离开家庭的呵护，来到真正意义上的社会"小团体"，是幼儿从"温室"迈向社会的第一步。由于幼儿社会经验少，身体和心理都很脆弱，缺乏安全感，需要成人的照顾，而教师就相当于幼儿的第二任母亲，不仅处处保护幼儿的安全，耐心指导幼儿取得生活经验，而且时刻让幼儿感受到被关爱、被照顾、被呵护、这样，幼儿才愿意来幼儿园，慢慢适应并投入到这个集体中来。

3. 幼儿教师是幼儿活动的参与者

幼儿园的一日活动是幼儿园每天进行的所有保育和教育活动。包括由教师组织的活动和幼儿的自主自由活动，如自主游戏、区角自由活动等，教师应该积极地参与幼儿自主的活动，以普通的活动参与者身份参与到幼儿的活动中去，与幼儿一起运用过去已有的知识和经验，通过实际操作，获得新的经验，有利于与幼儿建立平等的师幼关系。

4. 幼儿教师是课程实施过程的反思者和研究者

《纲要》指出："教育活动的组织与实施过程是教师创造性地开展工作的过程。教师要根据本《纲要》，从本地、本园的条件出发，结合本班幼儿的实际情况，制定切实可行的工作计划并灵活地执行。"这就要求教师不仅是课程的实施者、执行者，更应该成为课程实施的研究者。如果幼儿教师一味地把课程专家设计的方案拿过来用，不考虑它是否适合本班幼儿，是否有利于促进幼儿在原有知识经验的基础上获得更大的提高，就会使课程实施变成盲目服从。

二、幼儿教师的劳动特点

1. 劳动对象的主体性和不成熟性

幼儿园教师工作的对象是幼儿。幼儿虽然年龄小，但幼儿是有意识的人，他们不是消极被动地接受教育，而是积极主动的发展，主动参与各项活动，主动与同伴交往，主动操作各种物品，通过自身的内部作用来主动选择和接受外界的影响，形成自己的认知结构，发展自己的思想情感，具有强烈的主体性。

幼儿教师的劳动对象不仅具有主体性，还具有不成熟性。幼儿年龄小，各方面发展不高，身体处于稚嫩阶段，知识经验匮乏，对周围事物充满天真和幼稚的表现，思维发展处于具体形象阶段，认知能力、语言表达能力尚处于萌芽阶段。所以需要教师在观察、了解的基础上来组织活动，促进幼儿的发展，使幼儿的思维逐渐转化为创造性思维。

2. 劳动任务的全面性和细致性

幼儿园教育的根本任务决定了幼儿园教师工作的全面性。幼儿园教师要对幼儿进行德、智、体、美几个方面的教育，促进幼儿身心全面和谐发展。幼儿教师不仅要指导幼儿体育锻炼，增进幼儿身

体素质，保证幼儿身体的健康发展；而且要发展幼儿的智力，教给幼儿简单的知识和技能，同时培养幼儿良好的行为习惯，促进幼儿的全面发展。可见，教师的劳动任务是全方位的。

幼儿园教师的劳动任务不但是全面的，而且是非常细致的。保育和教育是幼儿园老师工作的两大方面，其中，幼儿教师劳动任务的细致性体现在保育上，因幼儿自理、自立能力较差，需要成人给予特别的关心和细心的照顾，以使幼儿健康成长。如，幼儿刚入园不能独立就餐，教师要细心喂餐；幼儿喝水时，教师要提醒幼儿水的温度是否适宜；幼儿午休后，有的幼儿不会扣扣子，系鞋带，教师要耐心地帮助幼儿等。

3. 劳动过程的创造性和复杂性

幼儿教师劳动过程中的创造性和复杂性。首先，表现在对儿童的因材施教上。教师不仅要面向全体幼儿，还要注重个别教育。每个幼儿的年龄特点、兴趣、需要、性格特征等各不相同，教师要针对每个幼儿的不同进行教育，避免"一刀切"的做法，使每个幼儿都能够健康成长。

其次，还表现在教师的教育机智上。教育儿童的工作，并不是千篇一律的，有时在教育过程中，可能会出现意想不到的情况。所以，幼儿教师的劳动过程绝对没有固定的程序和模式，这就需要幼儿教师善于观察和捕捉教育情境的细微变化，灵活机智地采取恰当的措施，解决教育过程中出现的新问题，使教育收到最佳的效果。

4. 劳动手段的主体性

模仿是幼儿时期的一个重要特点，幼儿的语言、行为很大一部分是通过直接模仿和感染而获得的。通过电视、网络媒体的传播来模仿其中的人和事，更重要的是成人在生活中对幼儿潜移默化地影响，其中幼儿老师的影响更大。因此，教师的榜样作用很重要，幼儿教师的一言一行、思想情感、道德风貌、知识才能等，都要做好儿童的典范。

5. 劳动周期的长期性

"十年树木，百年树人"。人才的培养是长久之计，也是一个长期的过程。一个人能够成才，需要幼儿园、小学、中学、大学等各教育阶段教育者共同的集体劳动，幼儿教师从事的是人才培养的奠基工作。教师劳动的长期性，要求教师有高瞻远瞩的精神和战略的眼光。一个幼儿教师所关心的不仅是孩子当前的发展，而且是他们的未来、他们的一生，并要为此而付出自己全部的心血和精力。

三、幼儿教师的职业素养

幼儿园教育是基础教育的重要组成部分，幼儿教师肩负着儿童启蒙教育的重任，其素质直接关系到幼儿的健康成长，那么作为一名称职的幼儿教师应具备什么样的职业素养才算合格呢？《幼儿园教师专业标准（试行）》详细阐明和解读了幼儿教师应具备的专业素质：幼儿为本，师德为先，能力为重，终身学习。具体要求如下。

1. 专业理念与师德

（1）对职业要有正确的理念与认识。

要热爱学前教育事业，具有职业理想和敬业精神；注重幼儿教师的自身专业发展，为人师表；具有团队合作精神，积极开展协作与交流。

（2）对幼儿要有良好的态度与行为。

要做到关爱幼儿，重视幼儿身心健康，将保护幼儿生命安全放在首位；尊重幼儿人格，平等对待每一个幼儿，不讽刺、不挖苦、不歧视幼儿，不体罚或变相体罚幼儿；信任幼儿，尊重个体差异，主动了解和满足有益于幼儿身心发展的不同需求。

（3）端正幼儿保育和教育的态度与行为。

要注重保教结合，帮助幼儿养成良好的行为习惯；注重保护幼儿的好奇心，培养幼儿的想象力，发掘幼儿的兴趣爱好；重视环境和游戏对幼儿发展的独特作用，将游戏作为幼儿的主要活动；重视幼儿园、家庭和社区的合作，综合利用各种教育资源。

（4）拥有良好的个人修养与行为。

要做到富有爱心、责任心、耐心和细心；乐观向上、热情开朗、有亲和力；善于自我调节情绪，保持平和心态；勤于学习，不断进取；衣着整洁得体，语言规范健康，举止文明礼貌。

2. 专业知识

（1）幼儿发展知识。

要掌握不同年龄幼儿身心发展规律、特点；了解幼儿的个体差异，掌握对应的策略与方法；了解幼儿发展中容易出现的问题与适宜的对策；了解有特殊需要幼儿的身心发展特点及教育策略。

（2）幼儿保育和教育知识。

要熟悉幼儿园教育的目标、任务、要求和基本原则；掌握幼儿园各领域教育的特点和基本知识；掌握幼儿园环境创设、一日生活安排、游戏与教育活动、保育和班级管理的知识与方法；熟知幼儿园的安全应急预案，掌握在意外事故和危险情况下幼儿安全防护与救助的基本方法。

（3）通识性知识。

要具有一定的自然科学和人文社会科学知识；了解中国教育基本情况；具有相应的艺术欣赏与表现知识；具有一定的现代信息技术知识。

3. 专业能力

（1）环境的创设与利用。

应建立良好的师幼关系、同伴关系，让幼儿感到温暖和愉悦；能创设有助于促进幼儿成长、学习、游戏的教育环境，引发和支持幼儿的主动活动。

（2）一日生活的组织与保育。

应合理安排和组织一日生活的各个环节，将教育灵活地渗透到一日生活中；能对幼儿进行科学的一日生活照料；能妥善处理一日生活中的偶发事件，在危险情况下优先救护幼儿，并能对幼儿进行随机教育。

（3）游戏活动的支持与指导。

应能根据幼儿的兴趣需要、年龄特点和发展目标，提供丰富、适宜的游戏材料，引发、支持和促进幼儿的游戏；能鼓励幼儿自主选择游戏内容、伙伴和材料，支持幼儿主动、创造性地开展游戏，在游戏活动中获得身体、认知、语言、社会性等多方面的发展。

（4）教育活动的计划与实施。

应能根据教育目标和幼儿的需要，在教育活动中观察幼儿，适时地调整活动，给予适宜的指导；能使教育活动体现趣味性、生活化和综合性；能运用个体、小组和集体等不同的组织形式和适宜的教育策略，支持和促进幼儿的主动学习。

（5）激励与评价。

应能有效运用观察、谈话、家园联系、作品分析法等多种方法，客观、全面地了解和评价幼儿；能发现和赏识每个幼儿的点滴进步，注重激发和保护幼儿的积极性、自信心。

（6）沟通与合作。

能善于倾听幼儿的心声，能与幼儿进行有效的沟通；能与同事合作交流，分享经验和资源，共同发展；能有效进行家园沟通与合作，共同促进幼儿发展。

（7）反思与发展。

应能坚持终身学习与发展，制定适宜的个人专业发展规划，并不断提高自身专业素质；能不断进行反思，改进保教工作；能结合自身教育工作中的现实需要与问题，进行探索和研究。

上述幼儿教师的职业素养正是《幼儿教师专业标准（试行）》对现代幼儿教师的最新要求，是每一位教师追求的目标，也是教师必须经历的一种过程。一个没有爱心和耐心的人是无法胜任幼儿教师这个职位的，一个没有观察和研究能力的人也无法成为一名合格的幼儿教师。

幼儿园教师专业标准（试行）

单元四 幼儿园的环境

 **目标定位**

（1）创设教育相适应的优良环境，能满足幼儿的需求和兴趣，对幼儿能起良好的潜移默化的作用。

（2）通过环境的创设，激发幼儿的想象力，在艺术欣赏中进行艺术创作。

（3）锻炼幼儿动手动脑、手脑并用的能力。

第一节　幼儿园环境概述

一、幼儿园环境的含义及类型

1. 幼儿园环境的含义

谈到"环境"，谁都很熟悉，因为我们无时无刻都身处在一个环境中，环境可谓无所不在，有大有小，幼儿园环境则是我们所熟悉的一个环境。幼儿园是幼儿快乐成长的地方，幼儿园的一切都会影响幼儿的身心发展。"孟母三迁"的故事、"近朱者赤，近墨者黑"的流传话语无不让我们深刻体会到环境的重要性。

《幼儿园工作规程》中明确指出："创设与教育相适应的良好环境，为幼儿提供活动和表现能力的机会与条件……要有计划地绿化园地，重视幼儿的环境布置，要使幼儿生活在明朗的、愉快的、富有教育意义的环境里。"在《幼儿园教育纲要》中也明确要求："幼儿园应为幼儿提供健康、

丰富的生活和活动环境，满足他们多方面的需要，使他们在快乐的童年生活中获得有益于身心发展的经验。"综上所述，在新《纲要》的学习及实施过程中，我们越来越深刻领悟到环境在幼儿教育中所起到的作用。为幼儿创设良好的活动环境是教师教育活动中的一项重要内容，也是必不可少的教育手段。

幼儿园环境，广义的是指幼儿园所存在的空间内各种条件的总和，狭义的单是指幼儿园内，对儿童身心发展产生影响的物质与精神要素的总和。

2. 幼儿园环境的类型

幼儿园环境根据不同的形式有不同的分类，主要有以下几个方面：

（1）根据存在形式划分。

幼儿园环境可以分为幼儿园室内环境和幼儿园室外环境。幼儿园室内环境包括教室、走廊、活动室等，幼儿园室外环境包括操场、园门、门厅等。

（2）根据组成性质划分。

幼儿园环境可以分为幼儿园物质环境和幼儿园精神环境。

幼儿园物质环境主要包括生活设施、教具、玩具材料设备等有形的物质。

幼儿园精神环境主要包括集体氛围、活动气氛、心理因素构成的一个复杂的环境系统，它与幼儿园的物质环境共同构成了幼儿园的整体环境。

总之，幼儿园环境既包括人的因素，又包括物的因素；既包括幼儿园内部的小环境，又包括与幼儿园教育相关的家庭、社会、自然的大环境。幼儿园环境是儿童赖以生存的基本条件，幼儿园环境创设，包括改善幼儿生存环境、提高幼儿生存质量、创造环境等，这将成为幼儿园教育的基本内容。

二、幼儿喜欢的环境

我们常说"父母是孩子的第一任老师"，而在今天，人们把一直所重视的幼儿园环境的创设提高到了一个重要的位置，被誉为"孩子的第二任老师"！一个好的幼儿园环境就应该是一本立体的、多彩的、富有吸引力的无声教科书。

那么，我们又怎么去发挥环境创设活动的教育作用，努力营造与主题活动相适宜的环境氛围，让环境创设成为幼儿的第二任老师呢？

1. 让幼儿及其作品融入环境，使环境科学化、艺术化

环境是可以说话的，幼儿置身于环境中，通过与环境的对话，使其身心得到发展。同时我们也

可以将幼儿的作品放在环境布置中，使环境更贴近幼儿，体现环境的科学化、艺术化。

以某幼儿园教师为例：中班幼儿作品"太阳花"，我先用纸板制作了一棵大树的树干，再用彩色卡纸做出两三只漂亮的蝴蝶，然后指导每个孩子的花儿错落有致地粘贴在树干的周围，一幅凝聚全体幼儿智慧的版面制作完成了。幼儿看到自己的作品变成一棵"太阳花树"，兴奋不已，他们不停地互相欣赏着、议论着，在不知不觉中将个人融入了集体，既分工又合作，不仅展示自己，也看到他人的成功。

应注意的是，教师在布置以幼儿为主的版面时应以幼儿作品为主，教师创意为辅，教师的创意应起到画龙点睛的作用。

2. 让环境随季节、时令变换

不同的季节、时令，周围环境事物都会在不断地变化。通过变换不同的环境让幼儿感知季节时令的转化和更改。如：春天来了，先通过户外活动让幼儿观察感知春天，再进行制作活动，幼儿会根据自己所看到的、听到的、想到的进行绘画、剪贴出相关的作品。"黑黝黝的小蝌蚪，带剪刀的小燕子，嫩嫩的小草，黄黄的迎春花，冰雪融化后潺潺流淌的小河"……都是环境布置的重点，这些突出的带有明显季节特征的作品让幼儿一目了然，并由于亲身的制作体验而记忆深刻。

3. 让区域环境生活化

在区域活动中，为幼儿提供丰富的半成品和成品材料，并投放与主题相关的丰富的材料。选择幼儿在生活中看得见、摸得着、感兴趣的内容，将他们蕴含在区域、"自然角"等环境中，以满足幼儿对周围事物的好奇心和探究欲望。如：科学区内收集许多好玩的感应玩具、汽车玩具和发条玩具。幼儿对科学的概念是抽象的，当自己亲手播种科学的时候，教师毋庸多说，幼儿就会收获良多。在操作区投放各类纸张、彩笔、油画棒、铅笔、剪刀、胶水、广告色等，手脑并用。幼儿自愿选择区域进行活动，完成与主题相符的内容，教师抓住机会引导被激发好奇心的幼儿，一起研究，共享发现的快乐，而不要让他们盲目探索，更不能给幼儿错误的概念。幼儿在和同伴的合作交流中提高认识，

积累经验，学学做做，达到玩中学，学中玩目的。

4. 让环境动静交替

所谓环境动静交替，就是把版面布置与实际生活结合在一起。如：自然区角环境布置中，在版面上已布置了春天来了的画面，再结合主题知识，引导幼儿学习种植"小豆豆发

芽了"，教师每天带领幼儿观察记录豆豆的生长情况，豆豆发芽了，豆豆长叶了，豆豆长大了……在"自然角"让幼儿主动观察会变的小蝌蚪，是先长后腿还是先长前腿，尾巴在长出前腿后还有没有，等。蒙台梭利曾说过："在教育上，环境扮演的角色相当重要，因为孩子从环境中吸取所有的东西，并将其融入自己的生命之中。"在与环境、材料交互作用的过程中，孩子们逐步产生认识周围世界的能力，掌握通过探究解决问题的方法，学会怎样思考、表达和主动建构经验，体验了探究过程的乐趣与艰辛，培养了正确的人生观、价值观和生活观。

充分利用自然材料
创设幼儿园区域环境

第二节　如何创设幼儿园环境

一、环境创设的原则

幼儿园环境创设的原则，是指教师创设幼儿园环境时应遵循的基本要求，这些要求是根据幼儿教育的原则、任务和幼儿发展的特点提出来的。

1. 与教育目标相一致的原则

幼儿园教育目标是使幼儿获得有益于身心发展的经验，促进幼儿的全面发展。因此，在环境创设时要目标明确，与教学内容、教学计划相一致。幼儿园教育的目标是促进全面发展，那么在环境创设上对德、智、体、美几个方面，在健康、语言、社会、科学、艺术五大领域就不能重此轻彼。凡是孩子发展、教育目标所设计的领域，就应有相应的环境布置。另外，要根据学期计划和月计划、周计划的不同，设计与之相适应的环境，形成系统的、系列的环境布置，促进教育目标的完成。

2. 与幼儿发展相适宜的原则

不同年龄阶段，幼儿身心发展存在着年龄差异。环境创设必须适应不同年龄幼儿的特点，通过不同层次的环境和不同的材料来达到教育目的。即使是同一年龄段的幼儿，在感觉、兴趣、能力等方面也存在很大差异，教师要注意到这些差异，适应这种差异。好奇、探究是幼儿的天性，如果环境布置总是一成不变，不仅不能给孩子以新鲜感，久而久之也会使孩子的主动性、积极性随之下降。因此，创设新鲜的、动态的环境是幼儿教育的艺术之一。

3. 教师与幼儿共同参与的原则

幼儿园环境的教育性不仅蕴含在环境之中，而且蕴含在环境创设的过程之中。陈鹤琴先生指出："通过儿童的思想和双手布置的环境，可使他对环境中的事物更加了解，也更加爱护。"环境创设特别是室内环境创设，应充分让孩子参与，征求孩子的意见。让孩子参与设计、提供材料与作品、参与布置，然后利用环境进行幼儿的主动活动。虽然孩子参与环境创设比教师本人独立完成费时费力，但就其教育效果

来说，更能够提高孩子的兴趣和创造性，增强其责任感和成就感，也有助于对幼儿进行爱惜劳动成果的教育。

4. 园内外环境相协调的原则

既要重视园内环境的创设，也要重视园外环境的影响。要充分发挥幼儿园、家庭、社会三方面的教育功能，在做好园内工作的同时，营造和谐的园外环境。通过多种形式主动与家长联合，对家长进行科学育儿知识的培训，使之配合幼儿园教育，也可以请特殊岗位（如交警、记者等）和有特长的家长到幼儿园给孩子们讲课。在保证安全的前提下组织社会实践活动，多带孩子到大自然、到健康有益的活动场所参观学习、接受教育。

5. 经济实用的原则

幼儿园的环境创设应考虑幼儿园自身的特点和条件，不提倡大手大脚，要多使用废旧材料布置环境、制作玩教具。这一点不仅适合农村的经济条件，对城市幼儿园也有很重要的意义。

6. 突出特色的原则

幼儿园环境创设要结合各自的不同特点，选择不同的内容、不同的角度、不同的方法，切忌千篇一律，千园一面。可以充分发掘地方蕴藏的课程资源，发挥教师个人的聪明才智，突出地方特色和教师特色。地方特色尤其要对幼儿进行爱祖国、爱家乡、爱劳动的思想品德教育。

7. 安全卫生的原则

幼儿园的园舍首先要做到安全，在新建和改建农村幼儿园的过程中，一定要首先考虑园舍的安全问题，坚决不能有危房，包括围墙、厕所。地面要平坦，不能有坑坑洼洼、磕磕绊绊。所种花草既要漂亮，又要无毒、无危险，比如夹竹桃、仙人球之类就不宜在幼儿园种植。室内、寝室要安装紫外线灯或随时用消毒水消毒。电器、电线布置要合理，用电

插销不能离孩子的床铺太近。吊扇使用前对其稳定性要进行检查。其次是玩具安全，室内外玩具都不能有危险性。室外大型玩具有相当一部分是铁制的，边角都要圆滑。孩子玩的时候，教师一定要看护好。室内玩具的购买也要注意，比如尖锐的、细小的、发射的等玩具，都有危险性。一些"三无"塑料玩具也有安全上的问题。另外，玩具还要经常清洗，保持整洁。

8. 平等和谐的原则

这一点主要指的是幼儿园精神环境的创建。精神环境创建的中心是建立融洽、和谐、平等、健康的人际关系。《幼儿园教育指导纲要》在讲到幼儿园教育原则的时候提出："要尊重幼儿的人格和权利，尊重幼儿身心发展规律和学习特点，保教并重，关注个别差异。"尊重幼儿的人格和权利，

就是把幼儿当成有思想、有个性的人，而不要把他们当成孩子。幼儿的身体是相对脆弱的，幼儿的心理同样是脆弱的，这就需要我们的充分尊重。我们的一个眼神、一个动作，可能都会对幼儿的心理产生巨大的影响，所以我们一定要时时提醒自己，不能轻易地批评孩子，不能过分地批评孩子。尊重幼儿身心发展规律和学习特点，就是说要从孩子的特点出发，用孩子能够接受的方式去教育孩子，教给孩子能够理解和接

受的知识，不能搞小学化的东西。关注个别差异，就是说在教育上要因人而异，因材施教，特别要关注那些与众不同的孩子，比如弱智残疾和心理障碍等方面的孩子。

二、怎样创设幼儿园环境

幼儿园进行环境创设应从主题氛围、教育价值、适宜性、幼儿主体性、对话互动、材料投放、美感布局、经济实用、特色创新等方面进行。

下面我们以活动室墙壁创设为例，来看看具体如何创设幼儿园的环境。

"创设与幼儿不断相互作用的墙壁布置，让墙壁成为幼儿经验、想法表达、表现的空间，呈现主题活动中幼儿发展的过程"。以主题活动为主，从确立主题内容开始进行研究，理清思路，形成一条主线。具体做法是：

第一步：关注幼儿兴趣，确立主题内容，制定活动网络框架，初步拟定墙壁网络图。

第二步：根据幼儿发展现状，挖掘各领域目标，

制定主题活动总目标。

第三步：准确把握主题进程，详细制定各阶段教育目标。

第四步：根据幼儿的兴趣和已有经验，分阶段的组织多种形式的教育活动，充分利用各种教育资源，引导幼儿用不同形式表达出来，并随着阶段活动的进展进行墙壁创设。

第五步：随着主题活动的结束，墙壁创设完成，并呈现出主题活动的进程。

教师在组织活动时，有意识捕捉生活中有价值的信息，有机地把预设内容和生成内容进行整合，幼儿在真正属于他们的环境中，愉快地参与墙壁的布置。

活动室环境设计方案

总之，环境创设作为幼儿园活动组织与实施的重要内容之一。在环境创设中使游戏能深入、高质量地开展起来；环境创设使幼儿的创造能力、思维能力、语言表达能力、合作能力等在环境教育互动中得到全面的锻炼和提高；环境创设为幼儿创造适宜、自主活动和自我表现的平台。因此，环境创设充分体现"以幼儿为本"的教育理念，通过环境的创设和利用，有效地促进幼儿的全面发展。

单元五　学前教育课程

目标定位

（1）从不同角度促进幼儿情感、态度、能力、知识、技能等方面的发展。

（2）以实现德、智、体、美全面和谐发展为目的。

第一节　学前教育课程概述

一、课程与学前教育课程

1. 什么是课程？

课程的定义有很多种说法，目前，我们使用的比较多的是：课程是指受教育者在教育者的指导之下所进行的一切活动的总和。一般包括：课程目标、课程内容、课程计划、课程实施、课程评价五个方面。常见的课程分类有五种：知识类、经验类、计划类、分科类和活动类。

2. 学前教育课程

学前教育课程是指在学前教育机构指导下所进行的一切有组织有系统有意义的学习经验和活动。这个概念可以从两个方面去理解，一是学前教育课程是学习经验和活动，即学生在学校教师的指导下的整个生活的活动总体。这种课程的定义特点在于把学生的直接体验置于课程的中心地位，从而消除课程中"见物不见人"的倾向，在一定程度上消解了内容和过程、目标和手段的对立。二是学前教育课程是有组织、有系统、有意义的。其含义在于帮助儿童获得有益于身心发展的学习经验。

这样学前教育课程就有明确的目标，为活动的开展指明方向。

二、学前教育课程的特点

学前教育课程除了具备课程的一般特点，更具有其独特性。

1. 全面性与启蒙性

幼儿园教育目标涉及了儿童在德、智、体、美诸方面的健康和谐发展，由此便可知学前教育课程的设置包括幼儿的整体、全面发展。课程设置设计的知识与内容应该是简单的，符合儿童的身心发展的特点，带有启蒙性。"启于始发，蒙以养正。"儿童对于周围环境和生活带有自发的好奇心和探索欲望，这些应该体现在学前教育的课程中。

2. 整合性与生活化

学前教育课程的整合性是指儿童的发展是整体向前的，课程的目标、内容、实施等都应体现出整合性。在学前教育机构中，课程是有机联系的一个整体，各课程之间相互渗透，综合作用于幼儿身上。

生活性是指儿童的学习与发展是在日常生活中完成的。课程内容贴近于真实生活，更有利于儿童的接受，这是由于儿童思维的直觉行动思维和具体形象思维决定的。因此，学前教育课程很多是从日常生活入手，讲述的是生活中的真实事例。

3. 游戏性与活动性

儿童在幼儿园当中的活动，是通过游戏来完成的。游戏是儿童的天性，游戏可以满足儿童身心发展需要，游戏是儿童进行学习的最基本的方式，也是儿童最感兴趣的一种学习方式。

儿童由于其年龄发展的特点，通过各种感官来主动认识客观世界。在自身的探索活动和周围生活环境的互动中直接吸取有益的经验。因此保证课程组织方式的活动性和游戏性的特点至关重要。

4. 潜在性

儿童身心发展特点中的模仿力强，自控能力较弱，以无意注意为主导等，决定了其学习是在与周围环境中的人、事、物相互作用中完成的，这意味着，学前教育课程通过间接地、内隐的方式，潜移默化地影响儿童，使之情感态度、价值观、动机、意志等发生变化，从而为以后的发展奠定基础。

第二节　学前教育课程的设置

一、学前教育目标

关于学前教育课程目标的含义、内容以及制定的依据在此就不一一赘述。下面我们来看关于学前教育课程目标。

1. 目标的表述要简洁、明了

在教师表述目标时，要让人能够直接看出你的标准是什么，尽量避免使用复合句。如："通过×××方式，使儿童懂得××××"。方式在具体的活动中会有详细表述，目标中就不适合再表述了。可以换成"儿童能够做到××××"。

2. 目标表述的角度要前后一致

一般情况下，目标的表述角度是教师和儿童两个方面。从教师角度表述，一般使用"培养儿童"、"使儿童"或者是"引导儿童"等词语作为目标的开头。多在课程总目标或年龄阶段目标时使用这种角度表述。

活动目标怎么写

从幼儿角度表述目标，一般使用"能够"、"喜欢"、"愿意"、"了解"等词语作为目标的开头。多在具体活动设计目标使用这种角度表述。

3. 具体活动目标的表述要尽可能做到详细，操作性强

在设计具体活动目标时，要尽可能地详细具体，具有可操作性，即让人一眼就知道如何进行操作，实现目标。比如："培养儿童对金鱼的感情"、"加深儿童对金鱼的认识"这样的表达过于笼统，不具有可操作性。应换为"能做到不触摸金鱼，每天轮流喂金鱼，不使金鱼受到伤害。""能描述金鱼的外在形象特征，说出金鱼喜欢的食物。"

4. 目标表述要尽量包含认知、情感、技能三个角度

一般情况下，具体活动目标的表述尽量要涵盖认知、情感态度、技能三个方面，但也不是必须包括三个，可以有所侧重。比如："懂得人与人之间要相互谦让，会说请、谢谢等礼貌用语"。

二、学前教育课程内容

构建以整合、开放为特点的课程内容，课程内容既有动态形式，也有静态形式。在教育实际中，更多的则是两种形态交织在一起的课程内容。例如，体育课的内容，就既有关于走、跑、跳等运动的静态知识，又有实际的走、跑、跳等动作的动态内容。

1. 课程内容选择的范围

（1）关于自己及其周围世界的粗浅知识经验。

儿童学习关于周围世界的粗浅知识，可以帮助儿童认识自己周围的生活环境，也能帮助儿童尽快地适应环境，身心得到健康发展。比如：规避危险、遵守交通规则等。同时也可以帮助儿童锻炼能力、形成良好的情感态度价值观。

（2）关于基本的活动方式、方法的知识技能和经验。

学前儿童在日常生活中，通过活动来完成对周围世界的认知，无论是观察、交往、睡眠、进餐，还是劳动、交流、手工等，每一种活动都有基本的方式、方法，如何处理与小朋友的冲突、如何表达自己的需求、如何进行讨论，都需要儿童进行学习。

（3）关于发展儿童智能和解决问题能力的经验。

能力是智能能够顺利完成某一件事情所应具备的条件。儿童在其发展的过程中应该具备社会所需要的各种基本能力，如运用语言交往的基本能力、初步感受美、表现美的情趣和能力等，都关系到儿童的长远发展。而这些能力都是在活动中逐步培养起来的。

认识能力的核心是思维能力，即思考如何解决问题的能力。儿童的思维能力则是在生活、游戏以及交往中发展起来的。课程的内容则应涉及这些。

（4）关于帮助学前儿童形成良好的情感态度的经验。

情感是人脑对客观现实的一种反应，体现了客观事物与人的个体需求之间的关系。人持续发展的动力来自于积极的情感，教师可以从这些方面引导：

①保护儿童的好奇心和求知欲，提供其感兴趣的事物进行研究。

美国高瞻 HIGHSCOPE 学前课程的核心—主动性学习及其五要素

②创设宽松的活动氛围，让儿童获得愉悦的情绪体验，及时给予正面肯定。

③营造积极学习的氛围，让儿童处于一种周围人都喜欢探索的环境中，促进其探索活动的进行。

2. 选择学前教育课程内容的基本要求

学前教育课程内容要与课程的目标保持一致，作为教师，要做到心中有目标，注重培养儿童的各种良好品质，那么究竟应该如何选择课程内容呢？

（1）适宜性。

课程内容的选择，不仅要符合儿童身心发展水平，还要与儿童的实际生活相符合；不但体现地方特色，而且儿童感兴趣。教师在准备课程内容时，既要考虑接受能力强的儿童，又要考虑接受能力一般或较差的儿童，课程内容体现层次性、适宜性。

（2）经验性。

0～6岁儿童的思维是直觉行动和具体形象占主导地位，这决定着儿童能力的提高来自于具体事物的感知和操作，学习是在具体活动中完成的。例如：认识数字，一定要和具体物品相对应，儿童才能理解数与量的对应关系。

（3）发展性。

学前教育课程内容涉及的是人生发展最基本的问题，如：良好的情感态度价值观、人生观等，这就要求课程内容在设置时，既要考虑到促进儿童的身心健康发展，更要促进儿童的全面发展。

三、学前教育课程的组织与实施

1. 学前教育课程组织的线索

学前教育课程组织的线索一般分为纵向组织和横向组织。

（1）纵向组织。

人的身心发展以年龄阶段为线索向前发展，同样知识也是一个由浅入深、由表及里的发展过程，这使得课程内容同样呈现出纵向深入的特点。教师根据儿童身心发展特点及实际发展水平，以儿童的兴趣为切入点，按经验的层层积累，来组织课程。

（2）横向组织。

课程出现横向组织的原因，是儿童的身心发展特点以及课程目标决定的，全面发展的理念指明了儿童的发展应该是整体的，课程内容作用于儿童身上也应该是整体的。这种整体表现为儿童的经验、知识、生活等都是一个整体，总体是整合的。

2. 学前教育课程内容组织的原则

（1）整体性原则。

21 世纪学前教育的目的是培养"完整儿童"，这就要求学前教育机构需要把各种教育因素有机结合起来，共同作用在儿童身上，以促进儿童的全面发展，这种整体性不仅强调组织的整体，更强调隐性与显性的整合。

（2）生活化原则。

学前教育课程的基本特点之一就是生活化，即儿童的课程很多是通过生活化的教学模式来完成的，同时教学内容也是贴近儿童生活的，比如：当有客人来家时，小朋友如何接待客人。通过这样的活动课程，小朋友的社会交往、语言、社会认知、思维等都可以得到发展。

（3）主体性原则。

儿童是课程的主体,学前教育课程内容通过科学的组织,作用于儿童身上。儿童在教师的引导下,通过积极主动的探索,可以更好地获得知识经验的积累,从而更好地促进自身的成长与发展。

3. 学前教育课程组织的途径

学前教育课程是通过多种途径实施的。具体来说至少包括以下几种。

（1）教师专门组织的教育教学活动。

这是教师根据课程目标和内容,有目的、有计划、有组织地设计和安排活动,以引导儿童获得有益的学习经验。这类活动有明确的目标、教师精心选择的内容、整体有计划、有顺序、教师的组织指导作用明显等特点。这类活动可以帮助儿童获得新知识和新技能,并能整理、扩展、提升儿童原有的经验。

（2）游戏。

游戏是最受学前儿童欢迎、最适合其年龄特点的活动,其蕴含着巨大的发展价值。游戏作为学前教育的一种基本活动,实施的前提是教师要充分尊重儿童游戏的愿望与需要,支持和保护儿童游戏的权利,给予充分的时间、游戏材料,以促进儿童身心和谐全面的发展。

（3）日常生活活动。

除教师专门组织的教育教学、游戏外,儿童的其他活动,如盥洗、睡眠、进餐等活动。在对儿童保育的同时,也含有巨大的教育价值。儿童的很多行为习惯都是在日常生活活动中形成的。

4. 其他类型活动

其他类型活动如节日活动、外出活动、亲子活动等。（详见单元九）

四、学前教育课程的评价

学前教育课程评价就是针对学前教育课程的特点和组成成分,分析和判断学前教育课程价值的过程,也就是评估学前教育课程所引起的变化。

1. 课程评价的目的

学前教育课程评价的目的主要是：①是否有利于儿童的发展，主要是从儿童的身心发展特点、课程目标等角度进行评价；②是否能够促进课程的改革与发展。

2. 学前教育课程评价的方法

评价应该伴随着整个教育过程，综合采用观察、谈话、测验、作品分析、调查、档案分析等多种方法。

3. 课程评价的注意事项

（1）评价应有利于改进与发展课程。

课程评价的目的之一就是改进与完善课程，因此，学前教育课程评价的侧重点应放在诊断和改进课程上。

（2）评价中以教师自评为主。

评价主要是教师进行反思，审视自己的课程，发现问题并解决问题的过程，教师参与其中，可以更好地起到改进与完善课程的作用。在评价过程中，要以教师自评为主，管理者和其他教师评价为辅。

（3）评价要有利于儿童的发展。

教师进行课程评价的另一目的就是促进儿童的发展，教师在评价过程中需要注重评价儿童在情感态度、价值观、意志、责任感等方面的评价，更多地评价儿童学习与探索的过程而非结果，评价的语言要注意具体。

（4）评价尽量做到客观、真实。

教师在评价过程中，尽量做到不带任何色彩，公平公正地对待教学过程中的人和事。

评价是课程的重要组成部分，评价的客观、真实更有利于儿童的发展和课程的改进与完善。

单元六　幼儿园日常生活活动

目标定位

（1）领悟日常生活活动在幼儿园一日活动中的重要作用和教育价值。

（2）了解幼儿园日常生活活动的基本内容和组织方法。

（3）把握幼儿园开展日常生活活动应遵循的指导原则。

苏联教育家马卡连柯曾说过：儿童集体里的舆论力量，完全是一种物质的实际可以感触到的教育力量。即使是最好的儿童，如果生活在组织不好的集体里，也会很快变成一群小野兽。这充分说明了集体生活在幼儿成长中是多么重要。幼儿园的日常生活活动就是集体活动的最重要部分。如何合理开展这些活动，从而更好地促进幼儿发展呢？这就是本单元要讨论的问题。

第一节　幼儿园日常生活活动概述

一、日常生活活动的含义及特点

幼儿园的日常生活活动是指幼儿一日活动中的生活环节和一些每天都要进行的日常活动。包括晨间来园、日间在园（进餐、盥洗、饮水、睡眠）、晚间离园和自由活动等。日常生活活动具有以下几个方面的特点。

1. 自在性

日常生活活动具有自在性。尤其是幼儿在家的时候，他们可以随意做自己喜欢的事情，没有时间和地点的限制，累了就休息，饿了吃东西，困了就睡觉，生活活动的随意性很强，自由自在。

2. 习惯性

幼儿园的日常生活是平常而琐碎的，但却是日复一日地反复出现。幼儿在日常生活中接受到全方位的反复训练和练习，入园时讲礼貌，吃饭时要安静，洗手时要记得关水龙头等，让幼儿有规律的作息、健康地生活并形成习惯，这对他们的身体健康乃至一生的成长都有重要的影响。陶行知先生说过："教育就是培养习惯"，这个观点反映在幼儿园日常生活活动中再贴切不过。

3. 情感性

日常生活中幼儿学习到与他们衣食住行相关的生活知识、卫生保健知识和安全知识，提高了他们的认知能力，养成良好行为习惯，与此同时成人的鼓励和肯定又激发了他们自信心，在日常生活中，幼儿克服困难、团结伙伴去获得成功的体验，不仅培养了他们健全的性格，还能让他们更好地由"自然人"成为"社会人"。

时时处处皆教育。幼儿的年龄特点决定了幼儿园日常生活活动的重要性。日常生活环节的每一项活动既是对幼儿进行保育的护理过程，又是教师对他们施教的好时机，是幼儿园"保教结合"教育原则体现最明显的活动形式。

二、日常生活活动的作用

1. 使幼儿尽快适应幼儿园里的生活，为今后的发展打下基础

幼儿园的集体生活是幼儿从家庭迈向社会的一个小小驿站，也是幼儿走向社会的第一步。幼儿从熟悉、自由、宽松的家庭环境进入到陌生、有纪律约束的集体环境之中，难免有些不适应，他们不能像在家里那样随心所欲，想干什么就干什么，而要受集体规则的制约。从入园的第一天开始，我们要重视对幼儿进行一日常规的培养，由浅入深，循序渐进，逐步让幼儿理解并遵守日常生活中基本的社会行为规则。帮助幼儿掌握生活所必需的知识、技能并能在生活中加以应用，可以提高他们的生活自理能力，增强自信心，也为他们今后的学习和生活打下最坚实的基础。

2. 使幼儿愉快地度过第一天

"快乐的童年生活"最现实的表现就是儿童每一天的具体生活，而幼儿在日常生活的表现也是判断、衡量他们学习和发展状况的重要依据之一。因此，教师不仅要把生活活动看成是满足孩子渴了要喝水、饿了要吃饭等生理需要的过程，更是使儿童的相关能力逐步得到提高的过程。一日常规中隐含着自由，自由里渗透着常规。要让幼儿自由、主动地与周围环境事物互动起来，使他们的天性得到自然表现，让他们在集体生活中感到温暖、心情愉快、形成安全感、信赖感，让他们愉快地度过在幼儿园的每一天。

3. 日常生活是学习的重要途径

幼儿的年龄特征和心理特征决定了他们学习是以直接经验为基础，在游戏和日常生活中进行的。主要特点就是做中学、玩中学、生活中学。对幼儿而言，大部分的学习是生活化、游戏化的教育活动，就是日常生活本身。因此，我们就需要从幼儿教育的一日现实生活中挖掘教育资源，把各种教育内容与他们的日常生活联系起来，发挥每个环节的教育价值，从幼儿的发展实际出发，只有这样学习才能学的有趣，学的有效，学的有用。

日常生活活动能力评估表

第二节 日常生活活动的组织

一、日常生活活动的组织原则

1.保育教育相结合

幼儿的一日生活，包括吃、喝、睡、学习等，平凡、琐碎又极其重要，在平凡琐碎中，包含着大量的教育工作，事事处处都有教育工作，育中有教，教中有育。由于幼儿独立生活能力较差，为保证他们的健康、安全和个性全面和谐的发展，教师要对幼儿的生活给予全面、细心的照顾，但这并不是要求教师"包办代替"，否则教师紧张，幼儿也不轻松。凡是幼儿力所能及的、应该掌握的事情，教师要鼓励他们自己去完成，做到放手不放眼，以增强他们的自理、自立能力和自我保护意识。

例如：大班幼儿掉牙是正常现象，这时教师不仅要安慰他，还可以根据这个事例在全班组织讨论：为什么会掉牙？如何保护牙齿？让幼儿在日常生活中受到随机教育，懂得一些换牙、保护牙的卫生常识以及养成良好的饮食习惯。所以应教师充分挖掘生活活动中的教育契机，保育和教育相结合，让幼儿在自身的体验和观察中，获得认识、表达感受、丰富语言、充分发展。

2.建立合理的常规

合理的常规有助于培养幼儿的自制能力和良好的行为习惯。学规对幼儿的行为提出了具体的、规范化的要求，使幼儿知道什么时候做什么，应该怎样做，能有效帮助幼儿理解、掌握并熟悉行为规则，进而转化为自觉行为。在执行过程中，不能操之过急，要持之以恒，必要时可根据实际情况灵活调整，使之既具有统一性又富有弹性。

例如：在午餐时间的安排上，可以进行弹性处理。进餐慢的孩子可以早些入座就餐，而进餐快的孩子可以为他们提供一些为同伴服务的机会。当孩子们就餐完毕，并根据进餐速度的快慢随时进行餐后活动。如：看图书或散步、读古诗、做手指游戏等，不断地提高计划执行的灵活性、创造性。力求使一日活动的安排与实施体现出"统而不死，活而有序"的有效性，从而促进幼儿生动活泼、健康和谐地发展。

二、日常生活活动的内容与组织

占据幼儿园一日活动主要部分的日常生活环节，包括晨间来园、日间在园（进餐、盥洗、饮水、睡眠）、晚间离园和课间活动四个方面。教师应明确、合理地安排各种生活活动，以保证活动有序地进行。

1. 晨间来园

晨间来园要把握"愉快"两字。一日之计在于晨。俗话说："良好的开端是成功的一半。"要让幼儿愉快入园，情绪饱满，要求教师把握时机，全方位做好晨间来园的组织与指导，为一天活动的有序组织奠定良好的基础。"

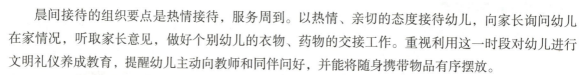

（1）幼儿入园前做好活动室内外清洁工作及开窗通气。

（2）晨间接待。

晨间接待的组织要点是热情接待，服务周到。以热情、亲切的态度接待幼儿，向家长询问幼儿在家情况，听取家长意见，做好个别幼儿的衣物、药物的交接工作。重视利用这一时段对幼儿进行文明礼仪养成教育，提醒幼儿主动向教师和同伴问好，并能将随身携带物品有序摆放。

（3）晨间检查。

晨间检查的组织要点是敏锐观察、消除隐患。

认真做好"一摸、二看、三问、四查"。一摸：是否发烧。二看：喉部、皮肤和精神。三问：饮食、睡眠、大小便情况。四查：仔细观察幼儿有无携带不安全物品，如幼儿口含的小纽扣，装在衣兜里的妈妈的金项链，小书包里爸爸的手机等。发现问题及时处理。

（4）晨间活动。

晨间活动的组织要点是积极鼓励、倡导自主。

准备好玩具、材料和体育活动器械，让幼儿参加自己喜欢的各种活动。鼓励幼儿根据自己的爱好选择区域、自由活动。如鼓励幼儿在饲养角给小动物喂食，到植物角给花草浇水等。充分体现晨间活动开放和自主的特点。

2. 日间在园

日间在园生活环节主要包括进餐、盥洗、饮水、睡眠四个方面的活动，这些活动占据了幼儿在园一日生活的主要部分，教师应利用和幼儿在一起的时间言传身教，培养他们养成良好生活、卫生、行为等习惯，形成基本独立和健康生活方式。

（1）进餐。

进餐要体现温馨。根据幼儿身体发育特点，幼儿园要制定正常的饮食制度，明确餐前生活整理的时间和活动要求，幼儿进餐定时定量，开饭要准时。做到三餐间隔时间在3~4小时，保证幼儿每次进餐的基本时间为30分钟（小班可适当延长）。进餐前的组织要点是营造氛围，动静有序。

①分餐前洗净手，用消毒水擦桌子。

②营造愉快、安静的进餐环境，介绍当餐食品。

进餐时的组织要点是正面激励，科学引导。

①培养幼儿良好的餐饮习惯。提醒幼儿进餐时做到不说话、不挑食、不乱扔饭菜、不依赖汤泡饭。

②观察食量，对特殊幼儿给予个别照顾，及时处理异常情况。

进餐后的组织要点是学会整理，安静活动。

①进餐结束，应鼓励幼儿学着收拾自己的餐具，简单清理桌面，培养他们的自理能力。

②教师可以创设相应区域，让幼儿安静地自主活动。

值得注意的是教师在组织幼儿进餐时，千万不可在餐前大声呵斥幼儿，以免影响幼儿进餐情绪。也不要以"不准吃饭"的威胁口吻和偏激的做法对特殊幼儿予以变相体罚。多用赞赏的眼光、动作、语言鼓励幼儿的自理行为或服务行为，并在小朋友面前赞扬他们。

（2）盥洗。

盥洗环节最好让幼儿感到有趣。幼儿园的盥洗环节包括如厕大小便和洗手。幼儿园每天的盥洗是培养幼儿爱清洁的重要环节，教师应通过组织儿童的盥洗活动，培养幼儿良好的卫生习惯。

①盥洗前的组织要点是轮流等待，做好准备。

教师准备好肥皂、毛巾和流动洗手设备。提醒幼儿善于等待，懂得轮流。

②盥洗时的组织要点是有序组织，科学盥洗。

教师应提醒男、女幼儿分开大小便，便后整理好衣裤，然后洗手并用自己的毛巾擦干手。教师教会或提醒幼儿洗手、洗脸、擦护肤霜、梳头的顺序和方法。

③盥洗后的组织要点是全面督促，协助整理。

最后教师要逐一检查：洗净手脸、擦好护肤霜、放下衣袖、梳好头，离开卫生间。

值得注意的是，教师可以将肥皂切成小块，悬挂在水龙头上，方便幼儿洗手。对于个别常尿床和尿频的幼儿，要特别提醒和照顾他们。

（3）饮水。

科学饮水是保证幼儿身体健康的重要环节，教师要培养幼儿良好的饮水习惯，严防出现烫伤事故。饮水环节的组织要点是及时提醒，严格落实。

①幼儿水杯在使用前消毒，并把水杯放在固定的地方。

②幼儿需要喝水时，应随时给水喝。要保证幼儿随时有温度适中的开水饮用。

案例：幼儿园的幼儿很多都不爱喝白开水，为了让他们爱上喝水，李老师想了两个好方法。她先给小朋友讲有关喝水的儿歌和故事《小水杯，我爱你》《天热了，喝什么？》《多喝水，身体棒》，让他们通过这些活动懂得喝白开水确重要性。并且在日常的对话中，经常引用故事或儿歌中的话，表扬那些爱喝水的幼儿，"看兰兰多爱喝水呀"，幼儿爱模仿，他们经常的反应是"老师，我也爱喝水"。第二个好方法是李老师看到小朋友们爱看《葫芦娃》，她就把"水娃"的形象贴在水桶上，并以水娃的话告诉幼儿，"我有许多的水，你们多喝几杯，就会和我一样棒！"这样一来，幼儿喝水的积极性大大提高，有时就像比赛一样。

（4）睡眠。

保证幼儿有甜蜜的午睡。学前儿童期是生长发育的重要时期，保证幼儿每天2~2.5小时午睡时间，对他们身体、大脑的发育有着重要作用。

①入睡前的组织要点是开窗通风，营造氛围。提前开窗通风，午睡前关上窗帘，组织幼儿睡前如厕，安静进入寝室；指导或帮助幼儿有序穿脱、折叠衣物，放在指定位置；可播放轻柔的音乐或故事，帮助幼儿入睡。

②入睡时的组织要点是巡视观察，及时指导。纠正不正确睡姿；发现幼儿神色异常应及时报告与处理；照顾入睡困难、有特殊需要的幼儿，照顾蹬被子和需要中间小便的幼儿。

③起床时的组织要点是提醒帮助，养成习惯。按时让小朋友起床，帮助个别幼儿起床、穿衣。帮助幼儿整理衣服和头发，逐个检查幼儿床铺，确保寝室整洁卫生。

3. 晚间离园

家是幼儿幸福生活的港湾，父母是幼儿最亲的家人。幼儿最喜欢、最期盼的就是离园环节。因此，教师应安抚幼儿情绪，组织和建立良好的离园常规，让幼儿轻松愉快地等待家人来园。

晚间离园的组织要点是细致护理，快乐离园。

（1）离园前，教师和幼儿回顾一天的生活，表扬好人好事，以发红花和小粘贴等方式鼓励肯定幼儿的表现，保持幼儿继续喜欢上幼儿园的好情绪。提醒他们回家有关安全和礼貌事项。

（2）离园时间，指导和帮助幼儿整理好个人衣裤、鞋帽，带好个人物品；热情接待每一位家长，与家长做好沟通。对于一些特殊幼儿，做好与家长饮食、疾病、情绪关注等方面的交接。

案例：离园活动也精彩，这张表格帮到你

日期	星期一	星期二	星期三	星期四	星期五
离园活动主题	才艺展示	读书会	区域活动	趣味游戏	谈心活动
离园活动内容	唱歌 跳舞 讲故事 画画	阅读绘本 阅读自带图书	美工区 运动区 益智区	桌面游戏 棋类游戏 猜谜游戏 自主游戏	说心情 谈心事 讲感受

小资料：幼儿园一日生活各环节常规观察评估表

项目	评价内容标准	评估情况	备注
入园	1. 有礼貌的向老师、小朋友问好，和家人说再见。 2. 在老师指导下，将自己外衣等放在指定地点	1. 文明行为习惯培养。 2. 自理能力和独立性的培养	
晨检及晨间活动	1. 能主动配合老师的晨检，做到爱清洁讲卫生。 2. 能有序地完成洗手、漱口、搬椅子等力所能及的劳动任务。 3. 安静活动，不能到处乱跑，幼儿能有序地取、放玩具和其他物品。 4. 活动结束，会主动帮助教师整理活动区	1. 文明行为习惯培养。 2. 自理能力和独立性的培养。 3. 遵守规则的意识及自控能力的培养	
盥洗	1. 安静有序地盥洗。 2. 能按照盥洗顺序及要求洗手、脸。 3. 能节约用水、不玩水、不弄湿地面	1. 文明行为习惯培养。 2. 自理能力和独立性的培养。 3. 意志品质的培养。 4. 爱惜劳动成果的习惯培养	
喝水	1. 知道轻拿轻放自己的水杯，不玩水杯。 2. 能大口喝水，不洒水。 3. 能尽量喝完供给水量，不够喝时知道再要，平时渴了知道自己喝水	1. 遵守规则的意识及自控能力的培养。 2. 爱惜劳动成果的习惯培养	
如厕	1. 如厕大小便要擦拭干净，有问题叫老师。 2. 养成便后洗手习惯	1. 文明行为习惯培养。 2. 自理能力和独立性的培养	
学习活动	1. 积极举手发言，提出问题，完整回答问题。 2. 遇到困难时愿意自己想办法克服。 3. 鼓励幼儿喜欢动脑筋，提出问题	1. 正确学习动机和学习态度的培养。 2. 遵守规则的意识及自控能力的培养。 3. 意志品质的培养	
游戏（体育）活动	1. 上下楼梯及站队靠右行，不拥挤，要礼让。 2. 按照教师要求及游戏（体育）规则参加活动。 3. 活动完毕知道把玩具放回原处	1. 遵守规则的意识及自控能力的培养。 2. 心中有他人意识的培养。 3. 爱惜劳动成果的品质的培养。 4. 意志品质的培养。 5. 文明行为习惯培养	

小资料：幼儿园一日生活各环节常规观察评估表

项目	评价内容标准	评估情况	
游戏（体育）活动	1. 敢于竞争，碰到困难，想办法克服困难。 2. 主动参与，并愿意与其他小朋友一起活动		
进餐	1. 知道轻拿、轻放餐具在固定的地方。 2. 安静进餐，坐姿端正，正确使用餐具。 3. 独立进餐，吃好吃饱，不挑食、偏食。 4. 进餐后清理好桌面，脏物放到指定地方。 5. 吃饭后正确漱口、擦嘴。	1. 文明行为习惯培养。 2. 自理能力和独立性的培养。 3. 意志品质的培养。 4. 爱惜劳动成果的习惯培养	
午睡	1. 安静有序地穿叠衣服并摆放整齐。 2. 姿势正确地上、下床铺，盖好被子。 3. 能安静入睡，保持正确的睡姿	1. 自理能力和独立性的培养。 2. 遵守规则的意识及自控能力的培养。 3. 心中有他人意识的培养。 4. 意志品质的培养	
离园	1. 有序地完成洗手、搬椅子、整理学习游戏用品等力所能及的工作。 2. 安静、有序等待家人来接，有礼貌地向家人问好，和老师说再见	1. 文明行为习惯培养。 2. 自理能力和独立性的培养	

好：5分　较好：4分　一般：3分

幼儿园生活活动计划

70

单元七 幼儿园游戏活动

（1）初步认识幼儿游戏的特点与游戏的分类。

（2）了解幼儿游戏在幼儿全面发展中的地位和作用。

（3）掌握幼儿游戏的组织及指导原则和策略。

星期天，5岁的轩轩身穿迷彩服，肩扛一根小木棍，兴致勃勃地和小朋友们玩着"战斗"游戏。轩轩的妈妈从外面回来，看到孩子一身土、一脸汗，不耐烦地对轩轩数落着："玩，就知道玩，一根破棍子也能玩半天，让你写的字，算的数都做了没有？"

对于轩轩妈妈的做法，同学们怎么看？游戏与学习真的是不可调和的矛盾吗？

第一节　幼儿园游戏活动概述

我国儿童心理学家陈鹤琴说过，幼儿以游戏为生命，多游戏，多快乐。随着当代社会竞争的加剧，新媒体带来的资讯传播的便利，儿童游戏的机会和背景已经发生变化，幼儿园教育更应该坚持以游戏为主。

一、游戏活动的含义及特点

1. 游戏的含义

在人类社会早期，游戏就已经是童年生活的重要内容。随着人类社会的发展，游戏也在不断发展，对游戏的认识和研究也越来越丰富和深刻。但对于什么是游戏，至今仍难以取得统一的认识。

近年来，我国的学前教育工作者在界定游戏的概念时在理论和实践上进行了大量探索，并达成一些共识："游戏是幼儿最基本的活动"，"游戏是为了寻求快乐而自愿参加的活动"。尽管很难用一个简单划一的定义来概括游戏，但不可否认，游戏确实有一些与其他活动不同的特点，或许，只有通过对这些特点的分析和综合，才能全面把握游戏的本质。

2. 幼儿游戏的特点

（1）游戏是幼儿自发自愿的活动。

游戏是幼儿根据自己的兴趣和愿望，自发自愿地进行的活动，不受外部强制力量的控制。

幼儿甲：我们来玩游戏吧。

幼儿乙：好呀！

幼儿甲：我们玩过家家吧？

幼儿乙：好的。

……

（2）游戏是幼儿感到快乐的活动。

对幼儿来说，游戏是一种享受。他们在游戏中没有任何心理负担，能够全身心放松，通过游戏活动体会到自己的力量并获得自信和愉快的内心体验。

如果你问兴高采烈玩水的孩子："为什么要玩水"，或者问正兴致勃勃玩沙子的孩子："为什么玩沙子"，他们的回答多是"好玩""有意思""开心"等。孩子们的答案告诉我们，幼儿之所以喜欢玩游戏，是因为游戏使他们感到快乐。

（3）**游戏是充满想象和创造的活动。**

幼儿游戏是通过想象进行的，是脱离了真实情景的一种假想活动，如果没有想象的参与，游戏便无法开展。

在游戏中，幼儿闭上眼睛，不作声，蜷缩着身体，假装睡觉；伸出舌头，端起杯子假装喝水，以及本章的案例中轩轩以木棍当枪投入"战斗"等，这些都表明了孩子们展开想象的翅膀体味游戏的乐趣。

（4）**游戏是虚构与现实统一的活动。**

幼儿游戏来源于幼儿的现实生活，但又不是其生活的真实再现，它是在幼儿假想的情景中完成的，因而具有很强的虚构性。游戏中的"妈妈"并不是真的妈妈，"女儿"实际上就是玩具娃娃。

幼儿可以把狭小的场所想象成广阔的天地，尽情地在那里盖高楼、铺铁路、开汽车，但这一切，用他们自己的话来说，都是"假装"。但幼儿游戏并不是空想，而是以他们生活的现实为依据，是周围生活的反映与写照。幼儿通过想象，将日常生活中的表象形成新的形象，用新的动作方式去重演他们熟悉的人或事。所以说游戏是虚构与现实统一的活动。

（5）**游戏是具体的活动。**

游戏是非常具体、形象的活动。每个游戏都有它的内容、情节、角色、动作、实际玩具和游戏材料。游戏角色之间还有对话，所有这一切，会不断引起幼儿的表象活动，在这些表象的引导下，游戏就会变得乐趣无穷。

二、游戏的功能及分类

1. 游戏的功能

（1）游戏能促进幼儿身体的发展。

在游戏中幼儿身体各部位都处在积极的活动状态，各种不同的游戏，活动量大小不同，身体活动的部位也不同，游戏对幼儿身体各系统的生长发育有促进作用。

游戏不但促进了幼儿身体的发展，同时也发展了他们的基本动作。在运动性游戏中，通过跑跳、攀爬，幼儿的大肌肉动作得到了发展，协调性、灵敏性和平衡力也得到了提高。在结构游戏中，通过操作各种材料，幼儿的小肌肉动作得到了发展，手眼的协调能力也得到了提高。

（2）游戏能促进幼儿认知和语言的发展。

儿童通过学习探索环境，从接触物体中获得知识并解决问题。正如教育家苏霍姆林斯基所说："游戏犹如火焰，点燃了探索求知的火焰"。

在游戏中，幼儿要认识各种游戏材料的性能，并要根据游戏的需要，思考和选择合适的玩具或游戏材料，探索材料的各种使用方法。在游戏中，幼儿会遇到很多问题，为使游戏顺利进行，幼儿要自己或与同伴一起，思考解决问题的方法。这些都很好地促进了幼儿认知能力的发展。

游戏还能有效促进幼儿语言的发展，语言是在交流、运用中发展的。游戏为语言运用提供了大量的机会。

（3）游戏能促进幼儿创造力的发展。

游戏是轻松、愉快的，在这种宽松、自由的氛围中，幼儿有很多的奇思妙想和大胆的行为，好奇心和探究欲得到很大的满足，而这正是幼儿创造性的"火花"，游戏则是点燃"火花"的"引信"，可以使之"熊熊燃烧"。

幼儿不仅从外界吸取知识经验，而且还想把自己头脑中的丰富想象表达出来，游戏能够满足幼儿的这种需要。

（4）游戏能促进幼儿情感的发展。

游戏是儿童表现情感的一种重要方法。孩子们在游戏的时候往往全神贯注、无拘无束，尽情表达个人的感受和情绪，显露出自己的真正本性。游戏能使幼儿克服紧张情绪，消除愤怒。"游戏治疗"

的理论和实践已经表明，游戏是幼儿发泄不良情绪的一种重要形式。通过游戏，幼儿的情绪变得平静、缓和，有利于抑制、降低消极情绪的负面作用。

（5）游戏能促进幼儿社会性的发展。

幼儿在游戏中作为集体的成员，开始学会相互理解，并共同遵守规则，学会与人相处，借助于游戏，儿童的社会交往能力得到了锻炼与发展。社会性发展是指儿童从一个生物人逐渐掌握社会的道德行为规范与社会行为技能，成长为一个社会人，逐渐步入社会的过程，它是在个体与社会群体、儿童集体及同伴的相互作用、相互影响的过程中实现的。

皮亚杰前运算阶段的特点

2.　游戏的分类

幼儿游戏的类型多种多样，基本上有以下几种分类方法。

（1）按照幼儿对游戏的体验分类。

①机能游戏。机能游戏是幼儿反复做某个动作或活动以示快乐和满足的一种游戏，这类游戏可以很自然地锻炼幼儿的感觉运动器官，有效地发展幼儿的身心机能，如幼儿在台阶上跑上跑下。

②想象游戏。想象游戏又称为"过家家""模仿游戏""角色游戏"，即再现成人生活的游戏。幼儿开始时是模仿周围成人的某些行为，进而有意识地扮演角色，以后逐渐能够按照角色的要求进行游戏。

③接受游戏。接受游戏是幼儿通过看画册、听故事、看电视、电影而获得快乐的活动，是相对被动的游戏。

④结构游戏。结构游戏又称为"创造游戏"，是幼儿利用积木、泥土、沙或纸等进行的造型活动，如搭积木。

（2）按照幼儿游戏的社会性水平分类。

幼儿游戏的社会性水平以幼儿在游戏中人际关系的不同类型为依据。

①独自游戏。幼儿自己一个人玩玩具，兴趣全部集中在自己的活动上，不在意周围其他伙伴的活动。

②平行游戏。幼儿单独做游戏，由于玩的玩具材料与其他人相似，因此看起来好像是在一起玩儿，其实是幼儿在各自玩着同样的游戏。

③联合游戏。幼儿与同伴一起游戏，他们谈论共同的话题，活动中偶尔出现借东西、相互追逐、模仿等行为，但没有围绕具体目标进行活动，每个人依自己的愿望进行游戏，是凑在一起玩的游戏。

④合作游戏。幼儿以小组为组织形式进行游戏，游戏中有分工、协作，有共同的目的和达到目的的方法。小组通常由一到两个领头的幼儿负责组织并指挥。

（3）按照幼儿智力的发展阶段分类。

①感觉运动游戏。感觉运动游戏又称为"机能性游戏"，是指幼儿反复练习感知和动作，它主要是两岁前的幼儿进行的游戏、如吐舌头、玩滑梯等。

②象征性角色游戏。象征性游戏是指幼儿通过模仿和想象来扮演角色，反映周围生活的一种游戏。游戏中，幼儿能脱离对当前实物的知觉，以表象代替实物做思维的支柱，进行想象，这是幼儿游戏的典型形式，在幼儿中期达到高峰，如"医院看病""逛商店"等。

③有规则的游戏。这类游戏以规则为中心，摆脱了具体的情节，用规则来组织游戏，它是两个以上幼儿在一起，按照一定的规则进行的具有竞争性质的游戏，如下棋、打牌等。

（4）按照游戏的教育作用分类。

①创造性游戏。创造性游戏分为角色游戏、结构游戏、表演游戏等。

·角色游戏是幼儿按照自己的意愿，以模仿和想象为主要形式、借助真实或替代材料，通过角色扮演，运用语言、动作、表情等创造性地再现周围社会生活的游戏。

·结构游戏是幼儿利用积木、沙、泥土等结构材料进行建造的游戏。

·表演游戏则是幼儿按照故事、童话中的角色情节和语言进行创造性表演的游戏。

②规则游戏。规则游戏包括智力游戏、音乐游戏、体育游戏等。

从以上游戏的不同分类可以看出，幼儿游戏种类广泛，可以发生在幼儿活动的各个领域，具有丰富多彩的内容和形式。

第二节 幼儿园游戏活动的组织与指导

一、幼儿园游戏活动的条件

为了更好地发挥游戏在幼儿发展中的作用，教师应为幼儿创设良好的条件，包括充足的时间，良好的游戏环境和材料等。

1. 游戏的时间

（1）充足的时间是幼儿游戏的前提。

教育家指出：人的生命是以时间来度量的，孩子的童年是以游戏时间来计算的，剥夺孩子的游戏时间，就是剥夺孩子的童年。所以，教育者一定要保证幼儿每天有足够的时间自由自在地开展各种游戏活动，不能随意侵占幼儿的游戏时间。

《幼儿园工作规程》中规定，在幼儿园，幼儿每日户外活动时间不得少于 2 小时，寄宿制幼儿园不得少于 3 小时，高寒地区在冬季可以酌情减少。

（2）减少过渡环节，提高单位时间内幼儿游戏的有效时间。

教师应充分认识游戏对幼儿发展的意义，不能随意挤占、侵占幼儿游戏活动的时间，教师要事先布置好幼儿游戏的环境，减少过渡环节。例如，不在游戏时间让孩子搬桌子、挪椅子、临时准备游戏环境和材料等，在活动室的布置上创设相对固定的游戏场地，以提高单位时间内幼儿游戏的有效时间。

2. 游戏的环境和材料

（1）游戏的环境。

游戏环境是指为幼儿游戏提供的条件，包括游戏的空间环境和心理环境。游戏的空间环境包括户外游戏场地和室内游戏空间。

①户外游戏场地要宽敞、平坦。户外游戏活动对幼儿身心健康发展具有重要作用。根据国家的相关规定，幼儿园必须设置各班专门的户外游戏场地，且不应少于 60 平方米，各班游戏场地之间宜

采取分隔措施；还应有全园共用户外活动场地。

户外游戏场地要设置适量的大型器械和玩具材料，各种材料和器械应构成一个有机整体，以促进幼儿动作和运动能力等的发展，满足幼儿的各种不同发展需要。

户外游戏场地的地面要平坦、坚实，适宜幼儿的跑、跳等活动；有遮阳防晒设施，利于炎热季节的户外游戏活动开展；布局合理，确保幼儿在户外游戏活动过程中的安全。

②室内游戏空间：物质环境和心理环境。

·**物理环境**。有关研究显示，幼儿处于人均 2.32～7.0 平方米为较适合游戏的空间密度。密度太大或太小都不利于幼儿的发展。教师要把有限的空间合理安排，既要有开放的空间，又要有半开放或封闭的空间；要有适于集体性的活动空间，更要有小组活动的空间，甚至是幼儿独处的秘密空间。

·**游戏的心理环境**。宽松、自由、和谐的氛围更能发挥游戏的作用，幼儿的情绪具有易感染性，游戏心理环境的创设关键取决于教师。

首先教师应与幼儿建立亲切、平等、和谐的师幼关系；其次应建立互助、友爱的伙伴关系。幼儿间互相关心、互相帮助、懂合作、会分享，这些都为游戏的继续深入增加了可能性；最后教师之间的真诚相待、友好合作是幼儿最好的榜样。教师之间相互关心、和睦相处会给班里带来一种温情的气氛，容易激发出积极的社会性行为。

（2）游戏材料。

游戏材料是幼儿游戏所用玩具和物品的总称。材料是游戏的物质支柱，是幼儿游戏的工具，如果离开了游戏材料，他们的游戏就难以进行。游戏材料形象丰富、生动，可以给幼儿以刺激，激发幼儿更深入地进入游戏。

①要为幼儿提供足够的游戏材料。投放游戏材料的数量要适宜，不宜太多或太少，太多会扰乱和分散幼儿的注意力，太少则易引起争抢、破坏。物尽其用，提高使用利用率。

②根据幼儿年龄特点提供游戏材料。根据幼儿心理发展特点，投放不同种类和难易程度的游戏材料。让幼儿按照自己的能力和操作经验选择游戏材料，以满足幼儿不同兴趣和发展速度。例如，小班幼儿大都处于平等游戏或独自游戏阶段，所以教师就应多准备相同种类的材料，而针对中、大班幼儿，则要准备适宜于发展合作性游戏的活动材料。

③根据教育目标和内容投放游戏材料。教师投放游戏材料，应蕴含着教师的教育意图，体现教

学目标。通过有目的地投入游戏材料，有意地引领幼儿成长。例如，教师根据近期主题《美丽的春天》的教学目标有目的地投放了一些花草、动物图片或实物，并动员幼儿把家里的新图书带到幼儿园一起分享，结果，语言区又恢复了往日的热闹非凡，孩子们相互讲述自己在散步、春游时的发现，兴致盎然地介绍自己的新书。

④选择并投放生活化的游戏材料。研究表明，通过生活化游戏材料的操作，幼儿可以理解他们自己所扮演的角色以及控制他们自己行为的规则，而且也能理解他人的角色和行为规则。例如，一些其貌不扬的原始材料，如卫生纸筒，在孩子们的手中，可能会是望远镜、花瓶的制作原材料，或娃娃家的无须任何装饰的小电筒、擀面杖或卷发筒，等等。

⑤游戏材料应便于幼儿自由取用。将物品和玩具等游戏材料分类摆放，放置在低矮的、开放的、不拥挤的架子上，并且贴上标签，让幼儿自由拿取。

二、游戏活动的组织与指导

幼儿园的游戏活动开展的效果如何，在很大程度上取决于教师为游戏活动所创造的条件和对游戏的组织与指导。教师指导游戏就需要介入到幼儿的游戏当中，介入的目的是引导幼儿继续游戏，促进幼儿游戏向高一级水平发展，从而提高游戏质量，促进幼儿社会性发展。

1. 观察是适时介入游戏的前提

实施教育，观察先行。随机观察和有目的的观察相结合。教师只有在充分观察的基础上，才能对游戏进行情况做出正确的判断，有的放矢地进行引导，帮助幼儿获得发展，并使其游戏得以延伸。通过观察，教师能知道幼儿是否需要更长的时间去玩，材料恰不恰当，经验丰富程度如何等，再决定是否加入幼儿的游戏，以帮助幼儿提升游戏的技巧。

2. 教师组织指导游戏的方法

教师不管用何种方式组织游戏，首先要介入游戏，然后对幼儿游戏作具体的指导。

（1）语言指导。

①发问。发问主要是用于了解幼儿游戏的现状及幼儿的具体想法或进行启发引导等，宜用亲切平和的询问，以了解幼儿的真实想法。

②提示。当幼儿遇到困难或不知所措，缺乏目的时，教师用一两句简单的建议性提示，帮助幼儿明确想法，促进游戏顺利开展。

③鼓励与赞扬。

（2）行为指导。

①身体语言。身体语言是指教师在指导游戏时，利用动作、表情、眼神等对幼儿游戏行为做出反馈。

②提供材料。为幼儿提供丰富的材料，让他们在自由选择的条件下进行游戏，能促进其社会性的发展。

③场地布置。教师期望幼儿产生什么行为，朝着什么方向发展，可以通过场地布置的影响来达到目的。例如，如果教师希望减少粗野的游戏，可用分隔物或家具把开放的空间阻隔起来，吵闹的和安静的要分开。

幼儿园游戏的观察和评价

④动作示范。规则游戏由于有玩法及规则的限制，必须在学会后才能玩。因此，教师要给幼儿做适当的示范、讲解，帮助他们掌握玩法，理解并掌握规则。

3. 教师在幼儿游戏过程中的指导策略

（1）让幼儿自主、自由地游戏活动。

在游戏中，让幼儿自主、自由地活动，教师不做硬性安排，由幼儿自己选择，玩什么，怎样玩均由幼儿自己做主。教师不能代替，不能为了某种需要强迫幼儿服从自己的权威，要求孩子跟教师一样做，使幼儿的自主性不能得到很好的体现，严重压抑了幼儿身心积极地、充分地发展。幼儿在游戏中可以不受任何限制，尽情玩耍。

（2）正确把握自己在游戏中的角色。

幼儿游戏过程是一个犹如"打乒乓球"的师生互动的过程。在这个过程中必须发挥"双主体"作用。幼儿在游戏中需要教师参与或教师认为有介入指导的必要时，幼儿邀请教师作为游戏中的某一角色或教师自己扮演一个角色参与幼儿游戏，通过教师与幼儿、角色与角色之间的互动，起到指导幼儿游戏的作用。

（3）学会等待。

在活动中教师要自始至终关注幼儿的活动，当幼儿出现困难时，不要急于介入，而应给予一定的等待时间，让幼儿通过充分的操作、探索，尽可能自己解决问题。幼儿的探索兴趣无穷无尽，他们经常会遇到自己无法解决的困难，教师这时要"学会等待"，只有当幼儿的探索兴趣即将消失时，教师的干预才有效。

（4）适时促进。

教师要经常加入幼儿的探索过程，成为幼儿探索、发现过程的目击者和共同参与者。因此，教师对幼儿要抱有具有弹性可变的期望，教师不是一个教导者而是一个促进者。教师不要生硬地去抢幼儿的"球"，只在幼儿把"球"抛向自己的时候，以适当的方式去接，并以适当的方式把球抛回给幼儿。在接、抛的过程中，不露痕迹地促进幼儿的发展，达到介入的目的。

 目标定位

（1）理解幼儿园教学活动的含义、特点。

（2）了解幼儿园教学活动的原则，掌握幼儿园教学活动的方法。

（3）了解教学活动设计的基本流程，能科学合理地设计出教学活动方案。

第一节 幼儿园教学活动概述

一、教学活动的含义及特点

1. 幼儿园教学活动的含义

幼儿园教学活动是指教师从幼儿的兴趣和实际水平出发，根据幼儿园教育目标，有目的、有计划地组织和指导幼儿主动学习，以增进幼儿对周围环境的认识，培养学习兴趣，帮助幼儿获取有益于其身心发展经验的活动。

首先，幼儿园教学活动是有目的、有计划的教学活动。与其他活动相比，教学活动对幼儿的全面发展更有目的性、计划性，更能按照教师预设的教育目的有效实施，促进幼儿在身体、认知、情感社会性方面的发展。

其次，幼儿园教学活动以教师为主导，以幼儿为主体。教师通过教学内容的选择，教学目标的制定，环境的创设及材料的提供，开展教学活动，激发幼儿的主动性、积极性，充分发挥教师的主导作用。在教学过程中，通过师幼互动、合作及沟通，体现幼儿的主体地位。

最后，幼儿园的教学活动的形式灵活多样。可以是教师集体教学，也可以分小组或个人开展，引导幼儿主动学习，从中获取学习经验，促进幼儿和谐发展。

2. 幼儿园教学活动的特点

（1）生活性与启蒙性。

幼儿园教学要从帮助幼儿积累生活的感性经验出发，其内容和途径必须贴近幼儿的实际生活，教学设计必须针对幼儿生活中出现的问题和幼儿的实际需要。

在幼儿园教学中，注重在认识简单的事物和现象中，引导幼儿认识事物之间的关系，强调教师在教学过程中运用幼儿已有的生活经验，并注意通过教学丰富幼儿的有益经验，帮助幼儿学习并适应生活，获得粗浅的知识，使他们的经验和视野得以拓展。

（2）活动性与参与性。

幼儿园教学活动是在幼儿积极主动的活动过程中完成的，强调每一个幼儿的实践与参与，在教学中，教师要调动幼儿的多种感官，鼓励他们去看一看、听一听、闻一闻、尝一尝、摸一摸等，以帮助他们在多种活动中更好地认识环境中的事物。

（3）游戏性与情景性。

基于幼儿注意力分散的特点，教师在组织教学活动时需要借助一定的游戏或情景，以激发幼儿参加活动的兴趣和积极性，加强幼儿注意的持久性，唤起和调动幼儿的有关经验和感受，让幼儿在假想的情景中积极地交往、活跃地想象、主动地表达，在情景中学习。

（4）多样性和灵活性。

幼儿园教学活动不同于中小学教学活动，中小学教师习惯于集体教学，而幼儿园教师在组织教学时，需要将集体活动、小组活动和个别活动有机地结合起来，这样才能促进幼儿的发展。

二、教学活动的原则与方法

1. 幼儿园教学活动的原则

教学活动的原则是指组织教学活动时必须遵循的基本要求，是指导教学工作的一般原理。幼儿

园教学活动应遵循教育活动的一般原则和幼儿园教育的原则。

（1）思想性原则。

思想性原则是指在幼儿园全部教育教学活动中，应贯彻完成幼儿园德育教育的任务，寓德育于各项活动中。

贯彻思想性原则应从幼儿的实际情况出发，根据每个幼儿的个体差异、性格特点、行为表现、爱好兴趣等，因人而异地进行教育，同时教师要平等地、一视同仁地对待所有的儿童。教师在进行教学时，应避免空洞的口头说教，应注重感情渗透，符合德育的原则，将德育渗透于幼儿的活动中。

（2）科学性原则。

科学性原则是指向幼儿传授的知识、技能应该是正确的、可靠的、准确无误的，符合客观规律的。

教师安排的教学内容应符合幼儿的年龄特点，向幼儿传授的知识、技能应是正确的，同时根据幼儿的实际情况安排相应的教学内容，制定切实可行的教学计划，以有利于幼儿形成科学的概念。

（3）发展性原则。

发展性原则是指幼儿园的教学活动要能促进幼儿的全面发展，使幼儿从现有的发展水平向最近发展区发展。

贯彻发展性原则，应遵循维果斯基的"最近发展区"，使幼儿在现有水平基础上，有一定程度的提高。同时还要照顾个别差异，对于能力稍强的幼儿，教师提供的教学内容要难一些，使幼儿觉得有挑战性，对于能力稍弱的幼儿，教师提供的教学内容要简单一些，使幼儿在原有基础上获得最大限度的发展。

（4）直观性原则。

直观性原则是指在教学过程中，教师应当利用实物或教具材料，充分调动幼儿的各种感官，丰富其感性经验，使幼儿获得直接具体的感知。

贯彻直观性原则时，要与幼儿的感官活动相结合，教师在实施教学活动时，尽可能让幼儿的感官参与进来，让幼儿有机会去看、去听、去摸、去闻、去嗅、去尝、去做，直接接触和感知事物，加深幼儿对事物的理解。

还应注意与教师的语言指导和动作示范相结合。教师用带有启发性的语言和准确的动作示范引导幼儿观察和操作，以强化直观教具的作用，获得正确的结论。

（5）活动性原则。

活动性原则是指在幼儿园教育教学活动中，教师要以幼儿的实际活动为基点，创设各种情景，组织各种活动，使幼儿在原有的发展水平上，通过与物体相互作用的操作活动及与教师和同伴的交往活动，使各方面的能力都得到训练和提高。

幼儿园教育应从幼儿身心发展的特点和水平出发，以活动为基础展开教育过程。活动是幼儿发展的基础和源泉。要多给幼儿提供活动的机会，放手让幼儿进行操作实践活动、交往活动，为幼儿提供丰富的物质材料，创设良好的心理环境，提供充足的活动时间，让幼儿积极主动地与同伴进行交往，充分发挥幼儿的主动性、积极性和创造性。

2. 幼儿园教学活动的方法

教学方法是指为了完成一定的教学任务，教师和幼儿在共同的活动中采用的手段，它既包括教的方法，也包括学的方法。幼儿园常用的教学方法有直观法、口授法和实践法。

（1）直观法。

直观法是幼儿园教学的主要方法，它是教师在教学过程中通过观察、讲解和讲述向幼儿呈现实物、教具或做示范性实验和表演，来解释和说明的一种方法。

①观察法。观察法是指教师有目的、有计划地引导幼儿运用多种感官认识客观事物与现象的一种方法。观察是幼儿获得感性经验的主要途径。

观察法包括幼儿在教师指导下有目的地进行的观察和幼儿自发的观察两种类型，它是幼儿园教学活动中最基本的方法，也是幼儿进行自我发现、自我探索活动的必要方法。教师要根据幼儿的年龄特点和发展水平选择合适的观察对象，激发幼儿的兴趣。运用观察的方法可以丰富幼儿的感性经验，使幼儿学会一定的观察技巧，发展幼儿的智力。

②演示法。演示法是指教师在教学中向幼儿出示各种实物、教具、模型进行提示性或模拟性操作的一种方法。这种方法常与讲述法或谈话法一起使用。

教师通过实物、教具的展示，激发幼儿的兴趣，增加感性认识，可以培养幼儿的观察能力、分析能力和推理能力。

教师在教学活动中进行演示的时候，要有明确的目的性，做到"心中有目标，眼中有孩子"，关

注幼儿的接受程度；注意演示的正确性，否则一旦幼儿学会之后会很难纠正；演示的内容要容易观察，不要打消幼儿学习的积极性。

③示范法。示范法是指教师通过自己的语言、动作所做的表演，为幼儿提供具体模仿的范例。在科学教育活动、健康教育活动、语言教育活动中常用示范法，在艺术教育活动中更多地使用动作示范。

教师在教学活动中进行示范时，要做到：进行语言示范时，要声音洪亮、吐字清楚、用词准确、速度适中，富有表现力；进行动作示范时，要选择相应的位置，是正面示范，还是侧面示范或镜面示范，教师根据具体情况而定。

（2）口授法。

口授法是指教师运用语言讲解、讲述的一种方法。

①讲解与讲述。讲解与讲述是指教师运用口头语言向幼儿解释、说明知识。通过这种教学方法可以帮助幼儿理解学习内容，懂得规则，能够使幼儿在短时间内获得大量系统的科学知识。

运用讲述、讲解时，要做到：讲述与讲解内容要准确，符合科学性和启蒙性，照顾到幼儿的年龄特点和个体差异；注意语言清晰、语速适中，一般不使用方言而采用普通话；语言简明扼要，重点突出。

②谈话与讨论。谈话与讨论是教师和幼儿双方围绕一个问题或主题，自由地发表自己的意见和看法，进行相互交流，相互启发的过程。教师应鼓励幼儿大胆说出自己的意见和想法，充分尊重幼儿，帮助幼儿形成正确的科学概念。

谈话与讨论的方法必须是建立在幼儿已经获得的经验或知识的基础上。因此，运用这种方法时，教师要了解幼儿已有的知识经验，然后再拟定谈话或讨论的内容。一般来说，谈话与讨论最好采用小组活动方式。

（3）实践法。

实践法是指教师在教育教学活动中，创设多种以幼儿为主体的实践活动，引导幼儿自己实践、探索的一种教学方法。

①操作法。操作法是指幼儿通过亲自动手操作材料，在摆弄物体的过程中进行探索，从而获得知识、经验和技能的一种教学方法。

操作法可以发展幼儿的思维能力，教师要保证幼儿自主活动的机会，不得干预过多，教师为幼儿提供的材料要丰富多样，易于幼儿操作。在幼儿操作过程中，教师要观察幼儿的操作情况，及时发现问题，引导幼儿积极思考和探索。

②游戏法。游戏法是指教师运用有规则的游戏活动组织幼儿学习的一种方法，是深受幼儿欢迎的一种教学方式。

《幼儿园工作规程》指出，幼儿园应当"以游戏为基本活动"。游戏是处于身体和心理上各种机能仍未成熟阶段的学前儿童的主要活动。在学前儿童的一日生活中，几乎无时无刻不在游戏，可以说，学前儿童的生活是以游戏为中心的。同时，游戏是最符合学前儿童年龄特征和心理发展水平的活动形式。

游戏是幼儿的天性，是儿童自主自愿的活动。教师要提供充足的游戏时间，为儿童准备好游戏的活动空间，提供丰富多样的游戏材料，然后，让儿童自主地参与游戏，以此促进儿童身体、认知、语言、情感、社会性等方面的发展。

③实验法。实验法是指在教师指导下，使用一定的设备和材料，通过控制条件的操作，引起实验对象的某些变化，并从观察这些变化中获得新知识或验证知识的一种方法。

运用实验法，要做到以下几点：选用的材料应安全和卫生；要根据活动内容的特点和需要，适当进行演示实验；教师要引导幼儿合理分工，相互合作；引导幼儿注意自身安全；在实验时，教师要及时观察并记录幼儿的行为表现。

幼儿园教学活动设计的技巧

第二节 教学活动的组织与指导

教学活动组织与指导的最终目的是提高教学效率和教学质量，使幼儿能够学到更多的知识，提高幼儿各方面的能力，从而使幼儿获得良好的发展。

一、教学活动的设计

教学活动设计是制定具体的教学目标，将教学诸要素有序地进行安排，形成教学方案的过程。

教学活动是教师的教和幼儿的学相互作用的过程，最终转化为幼儿的发展，要实现这种转化，教师就要研究和把握幼儿以下的发展情况。

（1）幼儿的年龄特点。

根据幼儿生理和心理的发展，我们知道幼儿的发展与变化有一定的顺序性和阶段性。作为教师，必须了解每个年龄阶段的幼儿所具有的生理和心理特征是什么，以确定教学活动的发展目标，创设适宜的学习环境，提供适宜的教育，促进幼儿富有个性地身心和谐地发展。

（2）幼儿的发展实际。

想要了解幼儿的发展现状需从两个方面入手：一是了解幼儿的兴趣和需要。兴趣是最好的老师，根据幼儿的兴趣和需要选择教学内容。二是分析了解幼儿与具体活动相关的发展水平。这方面主要遵循维果斯基的"最近发展区"理论，首先了解幼儿的现有发展水平，然后才能确定幼儿"最近发展区"，才可能通过教学促进幼儿的发展。

教学活动设计是一项系统工程，在设计具体的教学活动方案（教案）时，需从以下几个方面整体考虑和把握。

1. 教学活动课题名称、设计意图

课题名称包括年龄班、活动内容。例如：中班主题活动"春天"，活动一：春天的天气；活动二：春天的花儿；活动三：春天的水果等。又如，领域活动的表述，中班语言活动：故事教学——"三只蝴蝶"。

2. 教学活动的目标

目标是教育教学活动的灵魂，是教学活动的出发点和归宿。幼儿园教学目标包括幼儿园教育目标、年龄班教育目标、学期教育目标、月（周）教育目标、具体教学活动的教育目标等不同的级别。

教师拟定目标时要全面，可以从认知、情感、技能3个方面去制定。认知目标，即幼儿在教学活动中要了解、理解的知识；情感目标，即让幼儿在教学活动中形成积极、健康向上的态度，形成正确的世界观、人生观和价值观等；技能目标，即幼儿在教学活动中需要掌握的基本知识和基本技能。

3. 教学活动准备

活动准备包括幼儿知识经验的准备、物质材料的准备、教学环境的准备3个方面。

4. 教学活动过程

教学活动过程是教学活动设计中最重要的环节，因此，活动过程设计得要完整。一般来说，教学活动的过程包括开始部分、基本部分和结束部分。

活动的开始部分，即导入环节，教师要选择恰当的导入方式，以引起幼儿参加活动的兴趣，调动幼儿的积极性。教师导入的方式有很多，包括猜谜语导入、讲故事导入、视频导入、手指操导入和经验导入等。不管教师采用哪一种导入方式，都要把握好导入的时间和比重，以免主次混淆。

活动的基本部分，即教师引导幼儿进行相应的活动，是完成教学目标的主要部分，活动的大部分时间应放在这个部分。在这个环节中，教师要注意动静结合，如有突发状况，教师要根据实际情况及时地调整教学策略。

活动的结束部分，教师可以采用不同的活动方式来结束，如伴随着优美的音乐，或是以律动的方式结束等。另外，教师还要对活动进行评价小结，针对幼儿在活动中的表现，教师要以宽容积极的态度去评价，使幼儿能够保持对活动的兴趣，期待下一次活动的到来。

5. 教学活动延伸

活动延伸是本次教学活动的后续活动，可以是对本次教学活动的巩固，也可以是对本次教学活动相关知识经验的拓展和深入。活动延伸的开展形式是很多样的，可以在家中进

行，也可以区角进行，也可以是教师和幼儿的谈话等。

6. 教学活动反思

教学活动反思是本次教学活动中教师有哪些优点可以借鉴，又存在哪些问题和不足。通过自我反思和他人评价，及时调整和改进教学，提高教学质量。

总之，一个好的教学活动方案需要教师认真研究、勤于思考、不断反思才能设计成功，它可以体现教师自身的专业能力，也是教师创造性劳动的成果。好的教学活动方案才能促进幼儿的发展，才能取得好的教学效果。

二、教学活动的实施

教学活动的实施关系着教学目标是否达成。为保证教学活动的顺利实施，要采取科学、合理的组织与指导策略。

1. 合理选择教学方法和手段

在进行教学活动的时候，教师要采用合理的教学方法和手段，来实现教学目标，促进幼儿的发展。教学方法和手段的使用要从两个方面考虑。

一方面，教学方法和手段的选择和使用要符合幼儿的年龄特点和发展差异。在幼儿园教学活动时，教师常用的教学方法有游戏法、操作法、讲解法、演示法和示范法等，通过这些方法，来引导幼儿自己动手、动脑进行实物操作，以此获得直接经验。在这个过程中，教师要考虑幼儿的年龄特点，如小班幼儿采用更多的是游戏法，而观察法更适合在中、大班使用。同时还要注意幼儿的发展差异，正所谓"教学有法，教无定法"，因为幼儿的兴趣爱好、发展水平、能力等不同，教师要灵活地运用教学方法和手段。

另一方面，教学方法和手段的选择和使用是为实现教学目标服务的。教师要根据不同教学方法的特点，选择适合实现教学目标的教学方法和手段。例如，在语言教育活动中，为了让幼儿更好地理解故事内容，教师可以采用讲解法和演示法（多媒体演示图片），让幼儿加深对故事的理解，以更有效地实现教学目标。

2. 科学运用直接教学和间接教学的方式

在幼儿园的教学活动中，教师要科学地运用直接教学和间接教学的方式。

直接教学的方式，是指教师按照教育目的，直接把教育的内容传递给幼儿。例如，给幼儿讲古今中外的故事、教给幼儿念诗歌、教给幼儿遵守交通规则、教给幼儿物品的使用方法等

都比较适合采用直接教学的方式。但直接教学也有缺点，如幼儿对直接教学的内容不易掌握；幼儿自主学习机会少；教师和幼儿之间难以双向交流。

间接教学的方式，是指教师不是把教育要求直接讲给幼儿听，而是通过环境中适当的中介，如利用环境中的玩具、榜样、幼儿关心的现象或事件的作用等，迂回地达到教育目的。教师通过创设环境，提供活动材料，引导幼儿与环境互动，通过幼儿自己动手操作，使幼儿获得关键性的学习经验，向着教育目标规定的方向发展。

间接教学虽然能够让幼儿主动活动，但也有不足，如幼儿通过这一途径获得的知识比较凌乱、琐碎、肤浅和缺乏系统性。

所以，教师在教学活动中应将直接教学和间接教学有机结合，合理地指导教学活动。

3. 选用合适的教学组织形式

教学活动的组织形式有集体活动、小组活动和个别活动。集体活动一般是在教师的指导下集体进行的，如早操、集体游戏、郊游等。其特点是，全班幼儿在同一时间内做同样的事情，活动的全过程由教师指导。

小组活动是将全班幼儿分成若干小组进行活动。可以是教师有计划安排的活动，可以是教师组织引导的活动，也可以是幼儿自发的活动。其特点是，调动幼儿活动的积极性，增加幼儿之间的沟通和交流。

个别活动可以是一个教师面对一两个幼儿进行指导的活动，也可以是幼儿自发组织的活动。这种形式有助于教师对每一个幼儿都有全面的了解，便于因人施教。

以上3种教学组织形式各有优势和不足，一般来说，小班幼儿比较适合个别活动，中、大班幼儿适合组织小组活动和集体活动。教师在教学活动中，要选用合适的教学组织形式，以达到最佳的教学效果。

4. 环境创设和材料准备

在幼儿园教学活动中，教师一般只考虑到活动材料的投放，而忽略了知识经验的准备和环境的

创设这两个方面。

　　教师在投放活动材料的时候，要注意：为幼儿提供充足的材料；符合幼儿的年龄特点；提供的材料要中等熟悉、中等复杂；将材料放在可见位置；提供丰富多样的材料。

　　知识经验的准备是指在进行教学活动之前，幼儿已经掌握了哪些与本活动相关的知识、技能等。

　　环境的创设不仅要符合幼儿的年龄特点，而且与教育目标相一致，体现幼儿的参与性原则，做到因地制宜、因陋就简。

教学案例

活动名称： 中班科学——猜猜我是谁

活动目标：

1. 有良好的观察能力，能根据声音来辨别小动物。

2. 能大胆地猜想，了解小动物部分与整体的关系。

3. 能简单地模仿小动物走路，体验游戏时的快乐。

活动准备： 游戏转盘一个、小动物身体的部分图片等。

活动过程：

一、导入部分

1. 教师带领幼儿进入动物王国。

　　"小朋友们，今天老师带你们去一个神秘王国，你们想不想去啊？"

　　"好了，小朋友们，让我们来看一下神秘王国里都有什么？"（教师播放动画）让幼儿通过观察，增强幼儿对本次活动的兴趣，激发幼儿的好奇心。

　　2. 教师提问：这个神秘王国是谁的家啊？引导幼儿说出自己已经认识的动物名字，加深幼儿对动物的印象，激发幼儿对动物的喜爱之情，鼓励幼儿大胆、清楚地表达自己的想法。

二、游戏部分

　　游戏：玩转盘。大转盘上是一些幼儿认识的动物的图片。教师出示大转盘，请幼儿将转盘的指针转起来，指针指到哪个动物，幼儿模仿小动物的叫声，其他小朋友说出动物的名字。提高幼儿的动手能力，初步学习推断的方法。

三、拼图游戏

让幼儿能够根据动物身体的部分图片拼出一个完整的动物，并说出是什么动物，使幼儿能够了解整体与部分的关系。

幼儿教学活动设计心得

四、将动物宝宝送回家

让幼儿能够根据小动物喜欢吃的食物来辨别小动物，让幼儿将小动物送回家。

五、结束活动

以音乐《蓝精灵》结束活动，教师针对教学活动的实施过程及幼儿的表现进行小结。

案例分析：教师通过提问的方式导入活动，激发了幼儿的兴趣，同时把幼儿的注意力集中到活动中，播放动画片《小动物歌》，让幼儿认识小动物，加深幼儿对小动物的印象。通过游戏环节让幼儿能够说出小动物的名字，并模仿其叫声，激发幼儿活动的积极性；拼图游戏可以让幼儿了解部分和整体的关系；送动物宝宝回家，可以让幼儿知道小动物爱吃什么。

通过本活动的实施，幼儿表现积极，师幼互动情况很好，在快乐中游戏，促进了幼儿的发展，但也有一些不足，对于中班的幼儿来说，本次活动内容有些简单，对幼儿来说没有挑战性。教师在以后的教学活动中可以改进，使活动更加完善。

单元九　幼儿园其他形式的教育活动

（1）能清晰地描述节日活动及外出活动的功能，并明确节日活动及外出活动的要求。

（2）能配合幼儿园教师组织与指导节日活动、外出活动等。

（3）试着参与策划大型的、综合的节日活动、外出活动。

第一节　节日活动

我国对于节日是很重视的，每年都会有很多节日庆祝活动，如春节、"六一"儿童节、中秋节等，幼儿园会在节日期间开展相关的庆祝活动，下面来看看关于节日活动的内容吧。

一、节日活动的作用及要求

幼儿园节日活动主要是指在纪念性的、传统的、民俗的等节日组织的庆祝与娱乐活动。不同的节日活动体现的作用也是不同的，如春节体现的是中国传统文化的特色，而圣诞节则体现的是国外传统节日的特色，还有一些节日则会体现其德育的作用，如国庆节、感恩节等。

小资料：美国幼儿园的节日教育活动

美国是一个移民国家，来自不同国家和地区的移民为美国带来了众多的民族传统节日。美国的幼儿园很注重围绕各国的节日开展教育教学活动，以促使移民中的儿童美国化，并在尊重他们原来的文化基础上，增强他们的民族认同感，同时也培养儿童对各种文化的尊重和宽容的态度。围绕这些节日开展的教育教学活动，有助于儿童了解世界。美国幼儿园的节日活动很频繁，几乎每个月都有。他们把节日作为教育儿童的重要手段和方法，在日常的教学活动中占有很大的比重。这些节日，有些是美国传统的节日，有些是从外国"移植"过来的，有些是为增加学习的趣味性而由教师、专家自创的活动主题。

总体上来说，节日活动的作用主要有 3 个：娱乐性、教育性和文化传承性。

（1）娱乐性。

在幼儿园的节日活动中，热闹、欢快、喜庆的氛围会使儿童的情绪愉悦，这种愉悦的情绪有利于儿童身心的健康发展，因此节日活动的娱乐性尤显重要。

（2）教育性。

一般情况下，幼儿园会在节日活动时安排各种各样的活动，如竞赛、表演等。在这些活动中，幼儿可以获得与节日相关的知识、技能等，同时在布置节日活动的过程中，如果能邀请幼儿一起参与环境的布置，可以增强幼儿的责任感，还可以提高其审美的能力。

（3）文化传承性。

节日活动因地域和民族的不同，采用的庆祝方式也不同。但无论哪种形式的活动，其蕴含的民族精神和理念是不变的，这就需要我们把握要点，突出节日文化中的精华，然后设计活动，使幼儿在传统节日活动中健康情感得到发展。例如：在清明节、端午节、中秋节及春节的不同节日活动中使幼儿感受到我国传统文化的精髓，并产生愉悦、舒服的情感体验。

节日活动对幼儿的发展具有重要的意义，在活动过程中，幼儿与人沟通的能力、与人协商、合作的能力等都会得到提高。

论幼儿园传统节日活动
的教育意义及教育途径

二、节日活动的要求

幼儿园在开展节日活动时，需要注意以下几个问题。

1. 活动的内容要符合节日的主题

不同的节日，自然会有各自的主题。例如，春节应该体现的是我国传统的春节特色，相关的内容整合自然呈现出春节特有的灯笼、鞭炮、窗花等，还有各地自己的民俗活动等；而重阳节则是体现对老人的尊重，涉及的自然是与孝敬相关的主题；母亲节则体现的是对妈妈的尊敬与热爱。开展具体的活动时，内容要符合节目的主题。

2. 活动的形式体现多样化，内容丰富多彩

节日活动可以用多种形式呈现，如表演活动、亲子活动、慰问联谊、游戏活动等。内容上也可

以包含得广泛一些。例如，中秋节活动，幼儿园请一个家庭把收集到的关于中秋节的故事表演出来，鼓励孩子们讲述关于中秋节的故事，然后品尝月饼、水果等，组织亲子游戏，在游戏中体会中秋节的含义：代表的是思念与团圆。

3. 面向全体，让每个幼儿都能参与其中

在节日庆祝活动中，一般会有节目的表演，每到这个时候，教师会挑选一部分儿童参与其中，而有一部分儿童则属于观众，会让儿童觉得很无聊。教师应该让儿童都有参与节日活动的机会，如"六一"儿童节，幼儿园可以从五月就开始组织活动，像亲子运动会、亲子游戏、才艺展示和讲故事等，通过这样的参与，儿童对节日活动的认知和体验会更深刻。

4. 创设节日周等，将节日活动延伸到其他活动中

一般情况下，节日都是有时效性的，时间相对来说不是很长，教师可以设置节日周之类的活动，将节日活动延伸、渗透到日常生活与其他形式的活动中，如春节活动，从农历十二月开始，我们就可以组织活动了，如民谣的朗诵、与爸爸妈妈一起准备年货，布置活动环境等一系列的活动，让幼儿在欢快的节日氛围中，体验春节所带来的快乐。

三、节日活动的组织与实施

在幼儿园中，节日活动组织形式一般有全园庆祝会、联欢游艺活动、班级庆祝活动、慰问活动等。下面以"六一"儿童节为例，来介绍节日活动的组织与实施。

在幼儿园中，对于幼儿来说，"六一"是他们最期盼的节日之一，因为在这一天，全世界都在庆祝节日的到来，这是属于幼儿自己的节日。

"六一"活动形式有很多种，常见的是全园规模的节目演出、亲子运动会之类的活动形式。

1. 活动的计划与组织

随着时代的发展，现在的孩子大部分都知道"六一"儿童节，教师在"六一"到来之前，可以先在日常生活中渗透与"六一"相关的内容，如学唱歌曲《快乐的"六一"》，或者开展关于"六一"的讨论活动（一般是在中、大班举行），或者是征集家长的意见，之后可以就此制定好"六一"的活动方案。

幼儿园"六一"儿童节活动策划

活动目标：共度快乐"六一"，增进亲子感情，促进家园共育。

活动组织：策划：×××　成员：×××　后勤：×××　摄影新闻：×××

活动时间：6月1日上午8：30～10：50

活动准备：

1. 园部和各班布置节日环境，各班门口张贴个性化的游戏单。

2. 每班准备两个游戏，正副班教师各负责一个。

3. 每位幼儿一份"六一"礼物，游戏小奖品若干。

4. 每位家长一张游戏卡，优胜奖券若干。

活动流程：

1. 8：30～9：00 家长凭接送卡入园，到孩子所在班级签到、领游戏卡，教师向幼儿和家长介绍本次活动具体安排和游戏玩法。

2. 9：00～10：30 家长带孩子随意参加同年龄班级组织的游戏，每玩一个游戏后由组织游戏的教师盖小印章，不得重复玩一个游戏，优胜者发给奖券。家长凭奖券到保健室领取小奖品，凭游戏卡（必须6个游戏全部玩过）换小礼物。

3. 10：30～10：50 家长带孩子回班级，领取"六一"礼物。家长离园，原则上不带孩子。

活动项目：

（一）小班

游戏一：袋鼠跳（地点：××班外场地　组织者：××）

准备：场地上画有起点与终点的标志。

玩法：分4组进行游戏，家长将孩子抱在胸前，双脚并拢从起点跳跃至终点，先到者为胜。

规则：必须双脚并拢跳跃至终点，否则视为犯规，不计成绩。

游戏二：夹弹珠（地点：××班 组织者：××）

准备：筷子、勺子、弹珠若干，碗若干。

玩法：分4组进行游戏，每个碗里放10个弹珠，家长用筷子夹，孩子用勺子舀，把弹珠从一个碗移动到另外一个碗里，先移完者为胜。

规则：以碗中弹珠数量为准，掉落的不计入总数。

游戏三：亲子二人行（地点：××班 组织者：××）

准备：场地上画好4个走道。

玩法：一位家长和一位幼儿参加活动，幼儿和家长分成4队，幼儿和家长面对面站好，幼儿的脚踩在家长的脚上，准备出发，游戏开始，家长带着幼儿向终点前进，最先到达终点者为胜。

规则：幼儿的脚不许离开家长的脚。

游戏四：喂饼干（地点：××班 组织者：××）

准备：在活动室内贴好横线、4只小动物箱子、4篮积塑。

玩法：一位幼儿和一位家长为一组，4组为一轮游戏。游戏时家长和幼儿站在线后，将积塑投进前面的箱子里，在规定时间内扔进箱子的积塑最多者为胜。

规则：投积塑时家长和幼儿的脚不能超过横线，每次只能扔一个积塑。

游戏五：小猫钓鱼（地点：××班外场地 组织者：××）

材料：小鱼若干，绑有钩子的鱼竿若干根。

玩法：将小鱼散落于"水池中"，家长携幼儿手持鱼竿钓鱼，在规定的时间内钓起规定数量的鱼为胜。

规则：家长携幼儿站在指定位置上，手持鱼竿钓鱼。掉在地上不能捡起来。1分钟内幼儿钓起2～3条小鱼为胜。

游戏六：蒙眼摸宝贝（地点：×××班外场地 组织者：×××）

规则：4个家庭为一组，4个宝宝坐在对面的椅子上，请爸爸或妈妈蒙上眼睛，走到孩子面前，通过用手摸的方式，找到自己的宝贝。（小宝贝们可不能说话哦）

（二）中班（略）

（三）大班（略）

在制定方案的过程中，特别需要注意：一是儿童的兴趣和需求；二是本园的实际情况；三是确定好活动的目标，涵盖要全面。

2. 过程的组织与实施

在节日活动开展的过程中，教师根据制定好的方案，组织儿童参加。在实施过程中，教师可以根据实际情况调整计划。在实施过程中，教师需要注意以下几个问题。

①活动安排动静结合，根据活动过程中的实际情况，随时调整。

②参与人员分工合作，各负其责。

③提前与儿童和家长沟通，做好必需的物质准备。

④活动过程中注意安全。

由于"六一"是儿童的节日，每个儿童都有享受快乐的权利，关于活动的组织形式，可以采用自愿报名和组织儿童集体参与的方式相结合，让每个孩子在节日活动里都是身心愉悦的。近年来，为了让儿童有一个真正快乐的"六一"节，也有一些幼儿园不再采取儿童表演节目的方式，而是由家长排练节目，表演给孩子看，这样既可以增加父母与孩子之间的互动，同时也可以去除孩子排练节目时的巨大的心理压力。

3. 活动总结与反思

总结的目的是为了下一次的节日活动质量的提高。在总结时，一般是对活动进行全面的总结，即活动的准备情况，各个环节的衔接情况，教师与儿童、家长的参与情况，活动对儿童的影响等各方面都要进行总结。

总结之后要有反思，也就是分析本次活动的成功与不足，并找出不足的原因，加以改进。

4. 目前幼儿园节日活动的误区

①过于关注节日活动质量，扰乱了正常的教学活动秩序。

②节日活动形式单一，强迫孩子参与表演。

③只允许一部分幼儿参与，其他幼儿只能观看。

第二节 外出活动

一、外出活动的含义及作用

外出活动是指学前教育机构组织的在机构以外的场地所进行的活动，具有明确的目的性和计划性。

外出活动是儿童喜爱的活动之一，在外出活动中，儿童可以直接接触到大自然、大社会，拥有了探索真实世界的机会，在互动中得到新的知识经验与生活经验的积累。

外出活动的作用有以下几点。

1. 教育意义

现在的儿童大多是独生子女，对于大自然和大社会接触得比较少，也很少有锻炼的机会。而外出活动则给儿童提供了这样的机会，如参观或社会实践等，可以获得相关的知识经验的积累。同时，在外出活动中，儿童还可以感受到同伴之间的友谊、团结和合作等。

2. 休闲娱乐

外出活动使儿童见识到了与幼儿园不一样的环境，广阔的活动环境给儿童提供了自由表现的机会，少了过多规则的束缚，使儿童在宽松的环境中更能自由自在地充分表现自己，儿童在这样的环境中是充满好奇心和求知欲的，其身心也是愉悦的，更有利于儿童身心的健康发展。

外出活动的常见类型有郊游活动、社会实践活动和外出参观活动等。

二、外出活动的组织与实施

外出活动是否能够成功，首先要看教师的策划。策划时，教师要注意以下几点。

1. 活动的目标

外出活动在策划之前，首先考虑的应该是外出活动的主题是什么，游玩、参观还是社会实践等，主题确定下来之后，应该考虑通过外出活动能够达到什么样的目标，儿童在活动过程中可以获得哪些体验。

2. 活动的选址和制定计划

在外出活动的选址问题上，教师可以征集家长和儿童的意见，然后做一个综合的评估，看看哪个地方更适合。地点选择时应该注意：一是安全卫生；二是可以让儿童有充分的接触事物的机会，从而积累知识经验。

确定好地点以后，教师可邀请家长与儿童一起共同制定出行的计划，根据计划做好出行的准备工作。

3. 活动的准备

教师在出行之前应提前到目的地去查看一下，包括出行的路线、目的地的安全卫生情况等，提前与目的地的工作人员联系好，了解其情况，并与其商定好活动的内容及应该遵守的规则等。尤其需要注意目的地的餐饮处、休息处和厕所等，必须提前进行实地考察。

在实地考察以后，教师可以根据实际情况，考虑目的地是否合适，不合适的要及时更换，同时重新调整计划，再次查看新确定的地点。

在确定好目的地以后，教师可以把计划告知家长和儿童，以便于家长和儿童提前做好准备工作。准备的内容一般有水、饮料、食物、药品和衣服等，还要注意出行当天的天气。

4. 活动的进行

在活动进行过程中，教师向儿童简单介绍有关目的地的情况，或是观察欣赏沿途风景。到达目的地后，根据计

划进行相应的活动，教师需注意的就是儿童是否有掉队的情况。

5. 活动的延伸

在活动之后，教师可以组织儿童进行讨论、讲述、绘画、手工、表演等活动，通过这些加深儿童对活动的印象。

6. 活动的评价

在活动结束之后，教师需要对活动进行总结评价，可以评价儿童的参与程度，可以评价目标的达成度，等等，反思此次活动的优缺点，做出改进方案，为下一次活动做好准备。

在外出活动中，对于教师来说，最重要的事情就是儿童的安全问题。因此，在活动开始之前，教师需要对出行路线、车辆、目的地进行安全检查，车辆最好是无违规记录的，还要对儿童进行安全教育，增强儿童的安全意识；在活动进行中，教师始终要注意儿童的安全问题，并及时提供帮助；活动结束时，注意清点人数。

下面来看一个有关外出活动的案例。

幼儿园亲子春游活动方案

活动目标：

1. 通过组织幼儿外出活动，真正让幼儿走进大自然，开阔孩子们的眼界，增强孩子们的团队合作能力。

2. 孩子勇于表现自我，培养孩子活泼、开朗的性格，促进孩子交往能力的发展，初步建立孩子的环境保护意识。

3. 家长可以进一步了解孩子，接纳幼儿园教育理念，促进家园同步教育。

活动地点：郊区

活动时间：周五（3月24日）9:30～15:00

活动准备：

1. 幼儿身穿园服，戴太阳帽，穿运动鞋，清点各班人数并上报负责人。

2. 请家长帮忙在书包里准备一小份零食，一小瓶水，一包湿纸巾。

安全保障措施：

1. 加强管理和监督措施。对各个环节的安全防范措施做到位，具体到每一位负责人。

2. 班级教师对幼儿进行春游活动安全教育，增强幼儿的安全防范意识和自我保护能力。

3. 注意言行文明，爱护公物，不随地乱扔垃圾。

4. 班主任在每一次集合时一定要清点好幼儿人数，确保幼儿安全。

5. 如出现意外安全事故，由园长负责调配资源并紧急安排就医。

活动过程：

1. 集合。带领幼儿在 9:30 ~ 10:00 集合，交代外出活动的一些安全常识及注意事项。

2. 观察树木、花草，感受春天的美丽景色。

3. 午饭时间。11:30 ~ 13:00 提醒孩子将吃完的垃圾装入垃圾袋中，并投放在垃圾桶里，养成不随地扔垃圾、讲卫生的好习惯。

4. 游戏活动。游戏时间：13：00 ~ 14：30（参考：丢手绢、跳绳、踢毽子、水果蹲、大风吹、爱心抱抱团等简单小游戏）

5. 集合时间。14:30 ~ 15：00 教师组织幼儿排队等待专车来接。

春秋游活动的进行，有利于儿童锻炼身体，并接触到大自然中有趣的事物，引发儿童对神奇的自然探索的兴趣。

除了春秋游活动外，外出活动还有参观与社会实践活动，此类活动目前在幼儿园中进行得比较少，但是对儿童的发展起到的促进作用很大。

外出参观和实践活动除了常规的注意事项外，还需注意以下几点。

①充分考虑外出参观或实践的教育目标，因为此类活动可以作为幼儿园教育活动的扩展和延伸，其教育效果要全方位去考察。

②活动前的准备。在活动进行之前，作为教师，要提前与目标单位联系，确定好参观或实践的时间、路线、讲解或陪同人员、安全措施等。

③活动进行中的指导工作。在活动进行的过程中，教师要注意把握参观或实践的内容，还要注

意每一位儿童的参与情况。

④活动后的总结与延伸。活动结束之后，教师要根据情况进行总结并开展相应的延伸活动，以加深儿童对活动的印象，加强教育效果。下面以超市购物为例，来看看儿童社会实践活动的组织流程。

超市购物方案

活动目的：

通过参观超市，培养幼儿认真观察的好习惯，并细致地了解超市的购物规则，观察超市物品的摆放方式及物品的标价方式，观察超市商品的促销方式，认识一些蔬菜、水果，找到它们，把它们的价格记下来，并尝试购物，让儿童亲身体验在社会中成为顾客与在幼儿园中的角色有何不同。

活动实施：

在活动前做好逛超市的知识准备活动，如帮助幼儿回忆与父母逛超市的经过，教给幼儿一些简单的购物方法、规则。带领幼儿按照统计表寻找物品，并进行记录，教师做好指导和观察工作。

活动安排： 总负责人：×××　参加人员：×××　×××　×××　×××　×××　×××

1. 幼儿入园，做好去超市的准备工作：如厕，喝水等。

2. 幼儿分两组，分别由3位老师带领。

3. 早晨9点超市开始营业后，儿童在教师的带领下有序进入超市，先参观各个区域，教师指导儿童观察物品的摆放及物品的标价方式。

4. 发统计表找到物品后，在表格上做标记。

5. 儿童挑选10元内的商品，到收银台进行交款，体验顾客的角色。

6. 整队回园。

幼儿园大型（幼儿
外出）活动记录

单元十 幼儿园与家庭、社区合作共育

目标定位

（1）了解家庭对幼儿园教育的意义。

（2）掌握家园合作的指导原则。

（3）掌握幼儿园与家庭合作共育的方法。

（4）了解社区文化与幼儿园教育的相互作用。

（5）掌握幼儿园与社区合作的方法。

我国的学前教育包括3个方面，即家庭教育、学校教育和社会教育。这三方面的教育是互相渗透、互相联系、互相制约的。一般来说，家庭教育是由父母或其他长辈在家庭里自觉有意识地对子女进行的教育，是贯穿于日常生活中有计划与无计划相结合的教育。但是目前我国的家庭教育存在着失衡现象，主要表现在以下两个方面：一是重智育轻德育，育儿经济投入增加，造成儿童很大的心理负担和学业负担，产生不同程度的厌学情绪；二是随着家庭收入的增长，父母的育儿时间、精力投入也相应增加，而独生子女的家庭结构，使得许多家庭对孩子过度关心、过度保护，溺爱型家庭越来越多。

为了保证学前教育目标的实现，幼儿园要通过家长工作，向社会普及科学育儿知识，提高家长素质。让家庭教育和幼儿园教育密切结合，共同促进学前教育发展。

第一节 幼儿园与家庭合作共育

在对幼儿的教育过程中，幼儿园和家庭是两个影响最大的因素。家园合作可以有效保证幼儿的全面发展，使教育效果更加显著。所以，我们要做好这两方面的协调工作，更好地发挥两者的重要作用，使两者的教育力量"汇合"，从而有利于儿童的发展。

一、家园合作对幼儿教育的意义

1. 家园合作能够促进幼儿的全面发展

家园合作这种新形式可以有效保证幼儿得到全面发展，有利于儿童在知识、身体、社会经验等方面全面提高；同时对幼儿的个性发展和心理健康也非常有利。首先，家长参与幼儿园的活动可以把在园中学到的知识应用到家庭教育中，有助于幼儿良好行为习惯和卫生习惯的养成。其次，家长参与幼儿园的活动能大大提高幼儿活动的积极性，改善幼儿在家的行为，并密切其与家人的关系，促进幼儿社会性的良好发展，提高自我保护能力。

2. 家园合作能够提高幼儿园的教育质量

家长是幼儿园教师最好的合作者，幼儿园教育与家庭教育在目标和方向上是一致的，两者之间

相互的配合可以使教育的连贯性和有效性得到更好的保证。一方面幼儿教师可以通过家园合作从家长那里获得更多幼儿的信息，更好地了解幼儿，结合专业知识因人施教，促进幼儿的健康发展。另一方面家长本身也是幼儿园宝贵的教育资源，各种不同职业和文化背景的家长可以为幼儿园提供丰富的教育内容，并能为幼儿园的教育需要提供多种支持和服务。

3. 家园合作能够提高家长的教育水平

幼儿园可以通过园内的教师或外请专家、教授让家长获得更多关于教育孩子的科学知识和教育方法，帮助他们总结家庭教育经验，解决家庭教育中所遇到的实际困难。还可以请家长参与幼儿园的教育和管理，通过活动的参与及共同分享育儿经验，家长可以逐渐改变自身的教育观念与教育行为，增强教育幼儿的自信心，不断提高科学育儿的水平。

二、家园合作的指导原则

在幼儿园与家庭合作过程中，幼儿园要发挥主导作用，重视并主动做好家长工作，使幼儿园与家长统一认识，形成教育合力，双方配合一致，共同促进幼儿健康成长。

1. 平等合作原则

家庭是幼儿园的重要合作伙伴，他们之间是平等合作的伙伴关系。教师与家长要进行双向交流与沟通，教师不应是"教育"家长，而应是与家长互相学习，互相支持。教师积极指导家长进行家庭教育工作，帮助家长提高育儿能力；家长也要主动配合幼儿园，积极参与各种活动，并为幼儿园、班级建设提出宝贵的意见和建议。

2. 尊重性原则

教师在指导家庭教育时，要注意尊重家长，不能挑剔家长的素质，要平等对待家长。不论家长从事什么样的职业、具有什么样的文化程度，也不论家长的社会地位如何、经济条件怎么样，都要一视同仁。对发展暂时落后的幼儿家长更要多尊重，一起激发幼儿的上进心。对于爱提意见反映问题的家长，要认真耐心，有则改之，无则加勉。

3. 一致性原则

幼儿园与家庭之间对幼儿的指导要保持一致，避免要求不统一造成幼儿发展的问题。如果两方在教育观点上出现分歧，各自为政，教育效果相互抵消，最终受害的是幼儿。所以，教师和家长要做到相互理解、互相信赖、互通有无，共同执行正确的教育措施，顺利实现幼儿园保教目标。

三、幼儿园与家庭合作共育的方法

幼儿园与家庭合作的方法是多种多样的，幼儿教师要有目的、有计划地灵活运用。家园合作教育活动根据幼儿家长的参与人数来分类，有个别联系方式和集体联系方式两种。

1. 个别联系方式

个别联系方式是指幼儿园教师与家长一对一地联系和工作的方式。

（1）家庭访问。

家庭访问是家园联系常用的一种重要方式。根据家访的时间和家访时家园双方的情况家访可分为新生家访、学期家访和特殊家访。

①新生家访：就是孩子入园前的访问。孩子入园前家长都要填写家庭情况调查表，但是仅通过书面调查远远不够，必须要通过家访实地了解家庭环境、亲子关系、家长的教育观点、教养态度及幼儿在家中的表现等，才能在孩子入园后进行有针对性的教育，并为家园合作打下初步基础。

教师在孩子入园前进行家访时，不仅要与家长交谈，还要与孩子交往，如教师可带些幼儿园小朋友生活与游戏的照片画册给孩子看，与幼儿一起玩玩具、聊天，在交往中了解孩子的性格、兴趣和爱好。孩子与老师慢慢熟悉起来，可以减缓幼儿入园后的分离焦虑，较快地适应幼儿园的生活。

②学期家访：在有条件的情况下，每学期教师对本班幼儿普遍进行一次家访。

③特殊家访：针对个别幼儿视需要而进行的家访。例如，班上有的孩子因伤病不能来园或发现幼儿有严重行为异常的情况下可以事先与家长约好，进行家访。一般说来，有特殊问题须家园下大力气合作教育的儿童，教师都应列为家访重点，往往每学期不止一次进行家访。

案例：孤僻的小朋友

张老师班上有一个小朋友性格孤僻，不愿上幼儿园，即使来幼儿园也不愿参加集体活动。为此，教师进行了多次家访，了解孩子性格孤僻的主要原因。她的父母整天忙于生意，长期将孩子一人锁在家中，很少与人交往。据此，张老师花大力气做家长工作，一方面说服家长多亲近孩子，工作再忙也要抽出时间和孩子交往，并为孩子找小伙伴；另一方面张老师在幼儿园多亲近她，创设条件让她和小朋友交往，并对她的交往行为多给予鼓励和夸赞。经过双方努力使这个幼儿逐渐克服孤僻习性，变得活泼开朗，愿意上幼儿园，能与小朋友主动交往，也乐意参加集体活动了。

（2）个别谈话。

教师利用家长到幼儿园接送孩子的时间接待家长，相互沟通有关孩子教育的问题，个别谈话是家园联系中最简单、最常用、最及时的方法。幼儿教师可以向家长了解昨晚孩子的睡眠、进餐和玩耍情况等，向家长介绍近期幼儿园开展的工作和园内幼儿的各方面表现，对家长的教育问题给出正确指导。例如，对不肯独自睡觉的孩子，教师建议先在室内放一张小床让孩子单独睡，再过渡到分房睡。

（3）家园联系手册。

家园联系手册是幼儿园和家庭联系的桥梁之一，是教师和家长交流幼儿发展状况的一种载体，

也是系统记载幼儿成长过程的一种形式。其内容不但反映各年龄段幼儿在日常生活、学习和游戏活动中的表现，而且全面反映每个孩子的个性特点和发展状况。家长可以从中及时了解孩子的进步、存在问题及幼儿园对家长配合教育的具体要求；教师也可以从中获得反馈，了解幼儿在家中的表现，得到家长的意见和要求。

为了更好地利用家园联系手册达到预期的目的，幼儿园在学期开始要给家长把联系手册的作用、目的交代清楚，让家长明白如何填写。针对不同性格特点、不同知识层次的家长，教师的措辞都要认真斟酌，争取取得沟通的最佳效果。

（4）电话交谈和网络联系。

教师可以把自己的电话号码告诉家长，把全班幼儿的家庭电话号码记录下来，方便及时联系，处理一些应急事件。这种方法更快捷、更方便。

随着互联网的快速发展，网上沟通成为一种更方便更经济的联系方式，教师可以采取在微信或 QQ 群内上传文件的形式，把每天孩子在幼儿园内的活动、教学内容、近期活动通知、照片等信息传到网上，家长通过手机上网就可以及时了解孩子的情况，家长也可以通过网络提出对幼儿园工作的意见和建议。家长和教师还可以通过下载 APP，然后在各自的端口进入，从"云"上看孩子的情况，也可以互动。

2. 集体联系方式

（1）家长会。

家长会是家园合作的传统方式，从时间上可分为学期初、学期中、学期末家长会；从参加的范围上可分为全园、班级、年级家长会。

每次在开家长会之前，要充分做好准备工作。会议内容要丰富具体，形式要生动活泼，适合家长情况，时间不宜太长。家长会的内容可以就家长们关心的教育问题、普遍存在的幼儿行为习惯现象、幼儿园的教育教学等进行交流。可以有专题讨论和报告、经验交流、节日联欢、成绩展览等，但是每次会议要有重点。例如，新生家长会要解决新生入园期间的分离焦虑，教师要教给家长对孩子哭闹不肯进园的正确方法，家长也可以介绍这方面的成功经验，缓解新生入园的焦虑，有助于形成幼儿良好的个性。开家长会时要有会议记录，让家长各抒己见，畅所欲言，仔细倾听家长们的想法，向家长们宣传教育新形势新理念，切实提高家长的育儿水平。

（2）家长开放日。

幼儿园定期邀请家长来园参观和参加活动，让家长了解幼儿在园的学习和生活情况，了解老师，了解幼儿园。家长通过访问幼儿园能够更好地了解幼儿园的工作内容和方法，从幼儿园中孩子在集

体中的自然状态，可以得知孩子的发展水平及与同伴交往的状况，特别是能看出自己孩子在同龄孩子中的优点和不足，有助于家长进一步改进家庭教育方法。

家长访问幼儿园之前，教师应该做好充分的准备工作。在活动开始前，要告诉家长不能分散孩子的注意力，不能妨碍教师的工作，更不能代替教师干涉指挥自己的孩子和其他的幼儿，还要向家长介绍活动的目的和完整的活动计划，让家长明确观看的内容，指导家长在活动中正确观察。活动结束后，要征求家长对幼儿园工作的意见和建议，以便于改进工作，使家园合作工作开展得更加深入有效。

（3）亲子活动。

亲子活动为幼儿与家长、教师与家长、家长与家长之间搭起一座沟通的桥梁。开展亲子活动满足了幼儿依恋父母的情感需要和家长希望了解孩子在集体生活中的一些情况的愿望，同时是进一步密切教师与家长的关系，实行家园同步教育的好形式。

通过开展亲子活动，家长之间可以相互交流，相互学习，共同探讨"育儿经"。在互动中有益于亲子之间的情感交流，促使亲子关系健康发展，让忙碌的家长建立主人翁意识，同时对幼儿本身的发展也具有重要的促进和影响作用。幼儿园一般在节日时组织亲子活动，如儿童节和圣诞节，活动结束后，要请家长填写反馈表。

（4）家长委员会。

家长委员会，顾名思义就是由家长代表成立的组织，作为与幼儿园沟通的桥梁，关注幼儿的教育。家长委员会是家

长参与幼儿园管理的重要形式，家长委员会由各班推选 1~2 名代表组成，分工合作。主要工作是代表全体家长参与幼儿园民主管理，协助幼儿园与家长联系、沟通；监督幼儿园的财务和卫生保健工作；协助幼儿园办好家长学校，学好家教知识，提高家长素质；动员家长力量，带头参加幼儿园环境建设和维修。

（5）家长学校。

家长学校是向家长系统介绍科学的育儿理念和育儿方式的学校，主要任务是普及家教知识，是幼儿园开展家长工作的重要平台。

通过学习提高家长们的育儿水平，解决他们在教育子女时遇到的困惑。具体的学习内容和形式应根据幼儿园的具体情况而定，可以请专家进行讲座，也可以由幼儿园里有经验的教师来讲解或者由有育儿经验的优秀家长来主持。

在活动时，注意要内容丰富，形式多样，定期活动，灵活开展。要做到内容具体，理论联系实际，深入浅出，既提高认识，又解决实际生活中的问题，这样才能受到家长欢迎，取得良好效果。

（6）家教园地。

幼儿园一般都设置了宣传栏、黑板报等，展示对家长有益的教育书刊和辅导资料，向家长介绍幼儿园和班级的活动安排和教育计划，需要家园合作的内容、孩子的发展情况等吸引家长注意力的短文，其一般设在家长接送孩子的必经之路，内容经常更新。幼儿园可以通过这个窗口，对家长进行宣传教育。

家园合作方案

第二节　幼儿园与社区的合作共育

一、社区中的教育资源

社区是儿童生活的环境，利用社区资源，进行社区亲子活动，可以创设良好的教育环境，促进幼儿全面发展。《幼儿园工作规程》（1996）中也明确指出："幼儿园应密切同社区的联系与合作。宣传学前儿童教育的知识，支持社区开展有益的文化教育活动，争取社区支持和参与幼儿园建设。"

社区文化与幼儿园的教育是相互影响、相互作用的，社区文化对幼儿园教育的影响表现在以下3个方面：一是社区文化一部分直接进入幼儿园课程，如社区的人文景观、革命历史文物、遗迹等作为有地方特色的校本教材，成为幼儿园重要而有特色的教育内容。二是社区文化渗透到幼儿园，成为幼儿园文化的一部分再影响幼儿教育。例如，当地的民俗、风俗等都会影响幼儿园的生活常规、课程内容、环境布置和人际交往等。三是社区的文化氛围、精神文明也会潜移默化地影响幼儿园的园风、园貌。

幼儿园教育对社区的影响表现在以下两个方面：一是优化社区学前教育的功能。通过向社区家庭普及优生、优育、优教的知识，提高社区成员的文化素养水平，改变其陈旧观念与不良习惯，创造良好的社区生活环境与气氛。二是提高幼儿园的教育质量。营造一个无处不在、无时不有的教育环境，使社区内的家长从中学到教育幼儿的知识和方法，社区内幼儿会被环境影响，获得知识才能，身心得到全面发展。

二、幼儿园与社区合作共育的方法

案例：幼儿园亲子活动进社区

　　为进一步增进亲子情感，宣传早期教育理念，拉近社区与幼儿园的距离，帮助 0～3 岁幼儿家长提高早期教育的理念，7 月 13 日晚上 7 点，我园亲子部联合 XX 早教中心，在社区活动场地开展了亲子运动会。

　　活动在幼儿、家长和早教中心老师的教学活动展示中拉开了帷幕。在活动中，老师组织社区各年龄段的幼儿和亲子园的幼儿一起参加"亲子快乐接力赛""纸球游戏"等亲子活动，让幼儿和家长一直沉浸在欢笑声中。活动现场也开设了咨询台，对 0～3 岁的早期教育问题进行了现场的解答。参加活动的家长纷纷表示，这样的活动让他们知道了自己平时教养方面的不足，学到了很多科学的育儿经验，也希望这样的亲子活动能多一点。

1. 利用自身优质资源，创造性地开展工作

（1）组织开放活动，实现资源共享。

　　幼儿园可以充分利用已有的物质资源，适时适度地面向社区全体幼儿开放，使社区幼儿享受到优质的教育资源。幼儿园的房舍、教育设施、设备可以对社区开放，为社区幼儿和家长提供一定的教育条件，利用家长学校、幼儿教育讲座等来提高社区成员的教育水平。开放幼儿园的场地、材料，组织开放日活动，吸引社区幼儿和家长来园活动，充分利用幼儿园的教育资源，更好地发挥社会效益，扩大幼儿教育的受益范围。有组织地向 3 岁以下的幼儿提供半日保育服务和亲子游戏等，既为社区低龄幼儿提供教育，也使家长有机会相互交流学习。另外还可以为部分幼儿提供午托服务。

（2）提高教师素质，推动社区精神文明建设。

幼儿园应加强园风建设，提高教师素质，树立良好形象，成为精神文明的窗口，发挥其文明辐射功能，对社区文明建设起到积极的作用。

幼儿园可以组织经验丰富的幼儿教师成立社区宣传小组，向社区成员宣传教育，如开设专题讲座、办宣传栏、家长开放日等活动，向家长介绍正确的教育观念和科学的育儿知识，从而提升整个社区的人文素质。

（3）用优秀高效的服务，满足社区家长需要。

服务好家长是幼儿园的任务之一。例如，在建园地点和办园类型方面应该考虑家长需要，为他们提供方便；招生时间上，除固定时间外，还可以有一定的灵活性；收费方面，考虑家长的承受力；接送幼儿时间上要有灵活性，对家长的一些特殊要求和困难，可酌情通过发掘利用自身有利条件，尽可能满足。

2. 合理开发社区资源，给幼儿多样化的活动空间

（1）开发社区的人力资源。

利用社区独特的教育资源，可以提高学前教育的质量。例如，消防员向幼儿讲解如何灭火；牙医讲解保护牙齿的知识；交警讲解交通知识；超市的售货员讲解各种符号的含义，等等，不仅为幼儿活动带来新鲜感，还能提高自我保护意识。

幼儿园中班社区活动方案

活动主题：参观超市。

指导思想：通过参与社会实践活动，让幼儿走出幼儿园，体验社会生活，丰富幼儿的社会经验；增长幼儿见识，开阔幼儿眼界，使幼儿的综合能力有所提高和更全面的发展。

活动目标：了解超市里的物品是分类摆放的；知道商品的价格标签，认识价格；学会自己购物的方法，体验参观超市的乐趣。

活动时间: 2016 年 3 月 24 日

幼儿入园时间: 3 月 24 日早 8: 00

出发时间: 3 月 24 日早 8: 10

活动地点: 超市

参加人员: 中(二)班全体师生及部分家长

活动安排:

1. 3 名教师 5 名家长带队。班主任走在队伍前面,家长走在中间,两名教师走在队伍的后面,每人负责 5~6 名幼儿。

2. 活动前,上好幼儿活动预备课,宣传走路过红绿灯的注意事项及活动时遵守的规则,提高幼儿的安全意识和自我保护意识。

3. 摄影: 每名带队人员负责自己的游戏区。

4. 活动结束后,组织开展幼儿经验分享,观看活动照片;组织家长交流关于开展社区活动的感想。

(2)开发社区的物力资源。

优美的环境和公共设施等都属于社区丰富的物质资源,幼儿园可以充分利用它们,为幼儿提供适宜的教育环境,如可以带幼儿去参观社区内的理发店、银行、超市等地方,通过幼儿与其他人的交流,培养幼儿的表达能力和社交能力。

经验分享

在活动"千姿百态的树" 实施过程中,恰好幼儿园所在社区的管理委员会在倡导社区内人员认养植物, 因此,我们与社区管理委员会取得联系,认养了一棵白玉兰树。

家、园、社区合作开展幼儿园主题活动

为了让孩子们了解白玉兰树的特性,学习养护白玉兰树的基本技巧,我们还邀请了社区中的绿化负责人与孩子互动,生成了科学活动"美丽的白玉兰树", 由此大大激发了幼儿参与科学活动的积极性。

单元十一　幼儿园与小学的衔接

（1）明确幼儿园教育与小学教育的差异。

（2）了解幼小衔接的概念和意义。

（3）掌握幼小衔接工作的主要内容。

（4）掌握幼小衔接工作的指导原则和方法。

第一节　幼小衔接概述

幼儿从幼儿园毕业到小学一年级，虽然仅有短暂的两个月，却产生了重大的转折和变化。学前教育和小学教育是两个不同的教育阶段，两类教育之间存在着很大的差别，幼小衔接一直都是学前教育关注的重要领域，国家颁布的《幼儿园工作规程》和《幼儿园教育指导纲要（试行）》都倡导要搞好幼小衔接工作。幼小衔接的主体是幼儿，所以应根据幼儿身心发展需要，围绕共同的教育目标，建立互相学习、互相支持的平等合作关系，共同促进幼小衔接的顺利进行。处于幼儿园与小学阶段的儿童具有不尽相同的身心发展特征，解决好幼儿教育与小学教育的衔接问题，对于促进人的可持续发展，提高教育质量都具有重要意义。

一、幼儿园教育与小学教育的差异

幼儿园和小学是两种不同类型的教育机构，它

们对孩子的学习、生活、行为等许多方面的要求是完全不同的。

1. 主导活动方面

幼儿园以游戏为主，注重将教学内容渗透到游戏中，倡导的是玩中学，教师指导方法直观形象，教学形式多以幼儿动手操作为主，手指操和律动应用广泛。孩子们很少写字，没有家庭作业和考试。

而小学却是以学习为主，注重将教学内容灌输给孩子，教学形式以课堂教学为主。通过各种学科文化知识的学习，获得身心的健康发展。小学生有明确的学习任务、一定的家庭作业和严格的考试。

2. 作息制度和生活管理

幼儿园的生活节奏慢，有两个小时或两个半小时的午睡时间，作息时间灵活。生活管理不带强

制性，没有出勤要求。教师重视保育工作，更关注儿童的生活和身体。

小学生的生活节奏快速而且紧张，午睡时间较少，作息时间较为严格。一进校门就有许多的规章制度，如小学生守则、小学生行为规范等，这些纪律和行为规范都带有强制性。生活主要靠自理，教师只是引导和提醒。

3. 师生关系

幼儿园教师和幼儿整天相伴，和小朋友们一起游戏，时间长，个别接触较多，涉及面广，关系密切。幼儿在教师的照料下生活，心理上依赖性强。而小学生和教师的接触主要是在课堂中，除班干部和有问题学生外，师生个别接触少，涉及面窄。一般小学老师要求更为严格，态度严肃，批评指责比较严厉，有些儿童可能会感到心理压抑。

4. 学习环境

幼儿园的学习生活设施相对集中，儿童生活比较方便，教室环境布置比较生动活泼，在很多活动区域内摆放了丰富的玩教具，幼儿可以选择自己喜欢的方式去玩耍，同伴之间合作交流的机会也比较多。

小学的校园更加宽阔，厕所距离教室比较远。教室的环境布置相对简单严肃，桌椅的摆放是固定不变的，没有玩具，自由选择活动的空间和时间都相对较少。

5. 社会要求的提高

幼儿园对幼儿是启蒙教育，保教并重，对幼儿要求相对宽松，自由。学习没有评分标准，没有考试和压力。

小学是实施义务教育的机构，对小学生的要求相对严格

和具体，如认真听讲，刻苦练习，积极思考，等等。学校实行升、留级制度，学习成绩以分数衡量，分数高低会受到周围同学的议论和家长的奖惩。这些都会对小学生的学习造成压力。小学生学习是社会义务，不仅要学习自己感兴趣的，还要学习不关心或不喜欢的内容。他们必须系统地掌握关于自然与社会的基础知识、基本技能，接受基本的学习能力训练，承担社会赋予的责任。

通过以上几个方面，可以看到幼小衔接应是幼儿园和小学双向的、共同的衔接。解决好这些问题，能够减少幼儿入学的不适应，有利于他们今后的健康成长。

幼小衔接问题
现状及对策研究

二、幼小衔接的含义

1. 幼小衔接的概念

幼儿园与小学教育衔接是指幼儿园与小学两个教育阶段平稳过渡的教育过程，也是幼儿在其发展过程中所面临的一个重大的转折期，如果处理得不好，就会对幼儿日后的发展带来不利的影响。衔接是指两个相邻的教育阶段之间在教育上的互相连接。幼小衔接是指根据学前儿童过渡期身心发展的特点，从德、智、体、美诸方面做准备，使学前儿童能够顺利入学，也为其长远发展打下良好基础。

2. 幼小衔接的意义

（1）儿童身心发展的阶段性与连续性规律的需要。

儿童的发展规律表明，儿童的成长是一个由量变到质变连续发展的过程，有一定的阶段性，各阶段呈现出不同的发展特点。例如，儿童思维的发展，在学前阶段以具体形象思维的发展为主，小学后则以抽象逻辑思维发展为主。而且，儿童发展的各个阶段不是截然分开的，是有连续性的，并不是前一阶段结束后所有特点就全部消失不见，后一阶段所有特点马上一起显示，而是在前后两个发展阶段之间存在一个兼具两个阶段特点的交叉时期，在这一时期，儿童既保留了上一阶段的某些特征，又拥有下一阶段刚刚出现的某些特点，这一时期在教育学上被称为过渡期。

幼儿园与小学是两个根据儿童不同发展阶段的特点而设立的、具有不同教育任务的教育机构。它们之间的差异表明，这两类教育机构都比较重视阶段性，但忽视了过渡期。幼儿园与小学不衔接的根本原因就在于忽视了幼儿和学龄儿童发展的过渡期。具体表现在：一是对过渡阶段儿童的发展特点和需要认识不清，两个机构之间缺乏相互了解和沟通，不能互相配合做好过渡阶段的教育工作；二是对处于过渡阶段的

119

儿童缺乏行之有效的教育方法，不能为儿童提供有效的帮助，使得很多学前儿童入学后产生了适应不良的问题。

（2）小学生入学后适应不良的问题亟待解决。

幼儿园和小学之间存在的差异，如果得到正确的教育和引导，儿童会很快适应小学的学习生活，否则会导致儿童入学后出现各方面的问题，严重时会影响到他们的身心发展。

儿童入学后的不适应问题主要表现在以下几方面。

①身体方面。例如：睡眠不足、身体疲劳、食欲不振、体重下降等。

②精神方面。例如：心理压力大、精神负担重、情绪低落、自信心不足、学习兴趣降低等。

③社会性方面。人际关系交往不良和人际关系紧张等，有的甚至出现怕学、厌学情绪。这些问题若是得不到解决，不仅会严重影响初入学儿童身心的健康发展，而且还会对其以后的学习和生活产生消极的影响。

案例思考："受拘束"的嘉嘉

今天嘉嘉特别高兴，因为她彻底告别了幼儿园的生活，即将成为一名渴望已久的小学生。她一大早就兴奋地背上爸爸妈妈新买的书包准备去上学。可是接连几天嘉嘉的情绪都很低落，还时常问妈妈："哪天可以不去上学？"爸爸妈妈问她为什么不高兴，她总是低头不语。后来在与老师的沟通中才得知，开学的这段时间，嘉嘉在课堂上总是走神，下课后就一个人躲在角落里，也不和其他小朋友玩，甚至还有一次尿湿了裤子，回家后也没敢告诉爸爸妈妈……

像嘉嘉这样的幼儿为数不少，一下子从"自由自在"的幼儿园生活转向有规律、有竞争的学校生活，幼儿一时还难以适应。德国的哈克（Huck）教授曾做过一次调查，发现有30%～40%的孩子进入小学一年级后，对小学的学习和生活很不适应，常常在心理上产生紧张。由此可见，搞好幼小衔接工作不仅十分必要而且意义重大，它既有利于儿童入学前后的学习和发展，也为小学生在中高年级及以后的学习和生活打下良好的基础，更为顺利实施九年义务教育，解决学生中出现的厌学、辍学等问题，进一步提高教育质量提供保障。所以，幼儿园、小学和家长三方都要为儿童的入学适应做努力，认真研究儿童的身心发展特点，共同配合做好幼小衔接。

第二节　幼小衔接的内容与指导

随着我国儿童入学年龄的适度放宽，低龄化入学正日趋成为一个普遍现象，入学不适应也就见怪不怪了。面对这一问题，我们小学的教育工作者应该怎样做呢？首先，合理安排低年级儿童的作息时间，减慢课堂节奏，降低学习难度，使学习方式游戏化、学习内容趣味化。其次，努力为儿童营造一个良好的心理环境，使儿童感觉自己是在一个安全、和谐、充满爱与尊重的美好精神环境中学习。

一、幼小衔接工作的主要内容

1. 培养幼儿对小学生活的向往

幼儿对小学生活的态度、看法、情绪和状态等，对入学后的适应关系很大。因此，幼儿园阶段应注意培养儿童愿意上学、对小学的生活怀着兴趣和向往、为做一个小学生感到自豪的积极态度，并让幼儿有机会获得对小学生活的积极情感体验。

在大班阶段，幼儿园可以同小学家长一起合作，通过开展丰富多彩的教育活动，组织幼儿熟悉小学生的生活制度，了解小学生的学习特点，激发幼儿向往小学、当小学生的愿望。例如，定期与小学联谊，到小学与哥哥、姐姐一同上课、游戏、做操；组织"我向哥哥、姐姐学什么"谈话活动；请一年级的小学生到幼儿园介绍入学后的感受和变化等。

更为重要的是，教师和家长在日常生活中，要一贯地、潜移默化地给孩子实施正面的入学教育。要让他们常常听到鼓励的话，例如，"这个问题你现在不明白，等上了小学以后，会学到很多东西，那时你就明白了。""爸爸小学时过得很开心，现在还想念我的班主任老师呢""妈妈现在写书，是因为小学时老师经常把我的作文当作范文在班里朗读，还

在学校获得过奖励呢"，而不是威胁一类的话语，例如，"上了学要把玩具都收起来，不能玩了，得好好做功课。""你看你写得乱糟糟的，等上了小学，老师不罚你写10遍才怪"。那么，在他们的心目中小学就会是一个美好的、能学到本领的地方，而不是一个让他们产生恐惧、感到害怕的地方。

2. 培养幼儿对小学生活的适应性

幼儿入学后，是否适应新的环境，适应新的人际关系，对他们的身心健康影响很大。有人认为，上小学前只要提前认识一些字，学学拼音，简单的加减法就可以了。其实，这种想法是错误的。培养幼儿的社会适应性，特别是主动性、独立性、人际交往能力等，不仅关系着幼儿入学后的生活质量，也关系着他们在小学的学习质量，是幼小衔接的重要内容。

（1）培养主动性。

培养主动性就是要在幼儿园中培养幼儿的自信心及对周围人和事物的积极态度，激发幼儿对活动的参与欲望和兴趣，给他们提供自由选择的机会和条件，鼓励孩子们自己去探索和尝试，使他们获得成功的体验。科学研究已经证明，富有主动性的幼儿思维活跃，做事有信心，能主动与人交往，入学后能够比较快地适应小学环境，成绩也不错。

（2）培养独立性。

小学生课间和课余时间要自己支配，生活要自理，所以需要他们有较强的独立生活能力。在幼儿园，要培养幼儿的时间观念和独立意识，要指导他们懂得什么时候做什么事情，并自觉去做，培养他们自理、自觉的能力，逐渐减少对成人的依赖性。

（3）发展人际交往能力。

人际交往能力差的幼儿往往胆子较小，不能主动地与同伴交往，或与同伴不能友好相处，结果就是交不到新朋友，他会感到孤独和沮丧，学习兴趣降低，遇到问题也不敢去找老师反映或寻求帮助，学校对其的吸引力就会消失。为了让幼儿在入学后能尽快地适应新的人际环境，幼儿园的教育就必须发展幼儿的人际交往能力。

（4）培养规则意识和任务意识。

由于小学校园中有大量的新规则出现，如进出老师办公室要喊报告、上课不能喝水等，幼儿难以记住和遵守，这也是许多新生在学校受批评的主要原因。同时入小学后家庭作业成为学生必须完成的任务，但是幼儿一时难以接受。有的一年级新生在老师问他时会说："我不喜欢做。""我忘记了。""本来想做，玩完玩具后来不及做就睡觉了。"这些问题的解决除了小学教育的改革以外，还要在幼儿园的教育中注意培养幼儿的规则意识和任务意识。

3. 帮助幼儿做好入学前的学习准备

学习准备是幼儿终身学习的需要，要发展他们基本的学习素质，在此过程中，帮助他们打下今后学习的基础。幼儿园需要做好以下 3 个方面的工作。

（1）培养良好的学习习惯。

养成好的学习习惯，会使幼儿受益终身。例如，爱阅读的习惯，认真听讲的习惯，做事有条理的习惯，等等。不要以为这是小事，"树大自然直"的观点是错误的，学习习惯不好，以后很难纠正，对学习的危害很大，教师和家长应当从生活中的每件小事严格一致地要求，使幼儿养成好习惯。

（2）培养良好的非智力品质。

非智力品质指的是影响智力活动的各种个性品质，主要是指学习兴趣、学习积极性、意志、自信心等。学习不是智商高就可以，离开了良好的非智力品质，儿童的智力发展就会受到影响。所以，要重视培养幼儿的好奇心，对世界的兴趣和探索的积极性，培养他们做事坚持到底、不怕困难和失败的意志品质及渴望学习的品质。这样，幼儿就会形成自信主动的学习态度，感到学习是一件愉快的事。

（3）丰富感知经验，发展基本能力。

　　真正为幼儿做好入学准备，提高适应能力，要从小班开始，循序渐进地丰富幼儿的感知经验，培养幼儿的动手能力、思考能力和解决问题的能力。幼儿的思维是和具体的生活经验联系在一起的，他们的感知经验越丰富，理解抽象知识的能力也就越强。数学的学习一定是在大量感性经验的基础上才能上升到符号水平的加减法，例如，幼儿可以说出 3 个苹果加 2 个苹果，但是对"3+2=？"却有困难。多让孩子们用数学原理解决生活中的实际问题，既可以提高他们学习的兴趣，又能够培养抽象思维的能力。幼儿园要多给幼儿提供丰富的活动材料，让他们在反复的动手操作中，丰富感知经验，发展基本能力，为以后的小学学习打好基础。

二、幼小衔接的指导原则

案例思考

　　圆圆的妈妈告诉幼儿园的老师，下学期要给孩子转到另外一个幼儿园，原因是现在的幼儿园里老师不教写字。圆圆妈妈说：我的很多朋友的孩子和我家孩子差不多大，大家经常在一起玩，人家的孩子写字写得都能在聚会时炫耀，我家孩子却连写都不会，自己都觉得丢脸，而且马上就要上小学了，孩子很多一年级的知识都不会，将来可不能让孩子输在起跑线上啊！

　　讨论一下，这位家长的做法对不对？如果你是圆圆的老师，你该对她的妈妈说些什么？

家长们现在望子成龙，对孩子们的学习很重视。有些家长在入学前用一年级的课本系统教孩子学习，就是想让孩子入学后学习成绩优秀，一些幼儿园也因为家长们的要求开设了小学课程，这种做法实际上是错误的。当孩子们入学后遇到自己已经学会的内容，上课时会不认真听讲，但是从成绩上也反映不出来，老师和家长就会忽视这个问题，时间一长，容易养成不良习惯。等到讲到新知识时，孩子就会出现成绩突然滑坡，家长和老师如果处理不好，还会对孩子的心理造成伤害，有可能从此一蹶不振，甚至从此产生厌学。

为了更有效地做好幼小衔接，根据我国学前教育学中有关儿童身心发展的规律，结合我国幼教实践，我们认为必须要遵循以下 4 个基本原则。

1. 长期性的原则

要把幼小衔接工作置于终身教育的背景下去考虑，而不仅仅把它看作是两个教育阶段的过渡问题。也就是说，要以幼儿的长远发展为目标，对他们进行素质教育。对幼儿园来说，在时间上要把幼小衔接工作贯穿于幼儿园教育的各个阶段而不局限于大班下学期；内容上要涉及幼儿发展的各个方面而不限于知识准备；人员上要包括幼儿园全体成员、家长而不仅是大班教师。对小学来讲，也不能把幼小衔接工作看作是幼儿园的事情，把自己置身事外。

2. 整体性的原则

幼小衔接是全面素质教育的重要组成部分，应当从德、智、体、美各方面全面进行，不应仅偏重某一方面。大量的事例说明，幼儿入学适应困难不仅仅是在"智"的方面，更多的是由于身体、态度、意志、人际关系、交往能力和自理能力等方面准备不足而造成的。要搞好幼小衔接工作，就必须促进幼儿的德智体美各方面全面发展，培养入学所必需的各种基本素质。

3. 小学的适应性而非小学化原则

幼小衔接工作的误区就是小学化倾向严重，这种倾向主要表现在两个方面：一是学习小学的教材，由于教学内容不符合幼儿的年龄特点，学习中只能采用死记硬背的方法，体会不到学习的乐趣。二是用小学教育的组织形式和方法对待幼儿。上课代替了游戏，要求手背后面，长时间不许动，不许随便上厕所、喝水；布置家庭作业，做不好还要受批评、惩罚，等等。这些做法严重违背了儿童的身心发展特点，会造成儿童厌学和不良的学习习惯。因此幼小衔接工作的重点应该是培养幼儿的入学适应性，着重培养他们适应新环境的各种素质，帮助他们顺利完成幼小过渡。

4. 一致性原则

《幼儿园教育指导纲要》中指出："幼儿园应与家庭、社区密切合作，与小学相互衔接，综合利用各种教育资源，共同为幼儿的发展创造良好的条件。"《幼儿园工作规程》中也指出："幼儿园教育应和小学密切联系，互相配合，注意两个阶段教育的相互衔接。"所以，在做幼小衔接工作的时候，幼儿园应该充分发掘家庭和社区教育资源的作用，视家庭为幼儿园的重要合作伙伴，应本着尊重、平等、合作的

原则，争取家长的理解支持和主动参与，并积极支持、帮助家长提高教育能力，同时建立幼儿园和小学之间的联系，一起搞好幼小衔接工作。

三、幼小衔接工作的方法

1. 做好幼儿的入学准备工作

大班的第二学期集中教育时间要延长到 35 ~ 40 分钟，来适应小学的学习时间，并适当增加作业。还可增加课时，上午安排 2 ~ 3 节、下午增加 1 节集中教育活动。

培养幼儿初步的抽象逻辑思维能力和一定的想象力，控制冲动，上课勿做小动作，按时完成规定的任务。

2. 重视非智力因素的培养

培养幼儿的独立意识，让他们学会自己的事情自己做，以便更好地适应小学生活。大班的第二学期，教师应该逐步放手让幼儿学会自立，在提出活动的要求后，让他们自己独立完成，鼓励幼儿独立思考克服困难，争取独自完成任务，享受到成功的喜悦。

3. 培养幼儿的毅力和自制力

幼儿的注意力容易分散，自我控制力较差，周围的事物往往会影响幼儿的注意力，经常会在完成任务中途由于注意力转移而半途而废。因此，教师应逐步引导幼儿在活动中逐步稳定和持久地保持注意，可以通过让幼儿做一些感兴趣的游戏，逐渐提高幼儿的毅力和自制力。

4. 做好家长工作，争取配合

可以通过家长会、专题讲座及家庭教育协作小组等活动加强衔接工作，也可以利用"家教园地"宣传相关知识，引导家长更新教育观念，为幼儿营造良好的家庭学习环境，激发幼儿上小学的兴趣，

以帮助他们实现从幼儿园向小学的顺利过渡。

5. 加强与小学的交流合作

　　幼儿园和小学可以开座谈会让老师们进行交流，也可以组织参观，让幼儿园教师带领幼儿参观小学的校园，观摩小学生上课，激起幼儿对小学生活的向往。

幼小衔接的重要性及
国外的应对措施

127

参考文献

［1］李季湄.幼儿教育学基础［M］.北京：北京师范大学出版社，1999.

［2］郑健成.学前教育学［M］.上海：复旦大学出版社，2014.

［3］周宗清.幼儿教育概论［M］.武汉：华中师范大学出版社，2012.

［4］胡箭，张根健.幼儿教育学基础［M］.北京：北京师范大学出版社，2013.

［5］赵小华.学前教育基础知识［M］.北京：北京师范大学出版社，2016.

［6］张亚军.幼儿园教育基础［M］.上海：华东师范大学出版社，2014.

［7］王雪萍.幼儿教育学［M］.北京：中国人民大学出版社，2014.

［8］张亚军，方明惠.幼儿园活动设计与经典案例［M］.上海：华东师范大学出版社，2013.

［9］唐燕.幼儿园教育活动设计与实施［M］.上海：华东师范大学出版社，2013.

［10］郑健成.学前教育学［M］.上海：复旦大学出版社，2012.